ESTUDIO BÍBLICO CATÓLICO DE LIBROS LIGUORI

Cartas *de* san Pablo II *y* Carta a los Hebreos

JESUCRISTO Y SU IGLESIA

P. WILLIAM A. ANDERSON, DMIN, PHD, Y JUAN RENDÓN-REYES

LIBROS
LIGUORI

Imprimi Potest
Harry Grile, CSsR, Provincial
Provincia de Denver, los Redentoristas

Imprimatur: "Conforme al C.827, el Reverendísimo Edward M. Rice, obispo auxiliar de St. Louis, concedió el Imprimátur para la publicación de este libro el 3 de diciembre de 2013. El Imprimátur es un permiso para la publicación que indica que la obra no contiene contradicciones con las enseñanzas de la Iglesia Católica, sin embargo no implica aprobación de las opiniones que se expresan en la obra. Con este permiso no se asume ninguna responsabilidad".

Publicado por Libros Liguori, Liguori, Missouri 63057
Pedidos al 800-325-9521 o visite liguori.org

Library of Congress Cataloging-in-Publication Data on file

p ISBN 978-0-7648-2382-4
e ISBN 978-0-7648-6918-1

Los textos de la Escritura que aparecen en este libro han sido tomados de la *Biblia de Jerusalén* versión latinoamericana © 2007, Editorial Desclée de Brower. Usada con permiso. Todos los derechos reservados.

Libros Liguori, una organización sin fines de lucro, es un apostolado de los Padres y Hermanos Redentoristas. Para más información, visite Redemptorists.com

Impreso en los Estados Unidos de América
22 21 19 18 / 5 4 3 2
Primera edición

Diseño de la portada: Pam Hummelsheim
Imágen de la portada: *San Pablo en la prisión*, detalle Rembrandt van Rijn
© Huntington Library / SuperStock

Índice

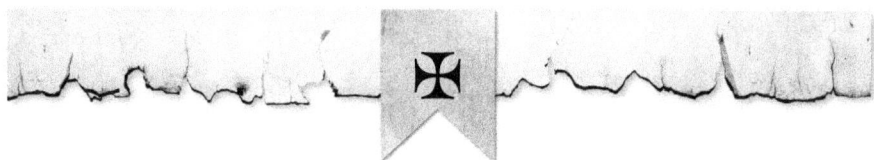

DEDICATORIA

Esta serie está dedicada con amor a la memoria de mis padres, Kathleen y Angor Anderson, en agradecimiento por lo que han compartido con quienes los conocen, especialmente conmigo y con mis hermanos.

WILLIAM A. ANDERSON

Esta humilde contribución para la propagación del mensaje de Pablo la dedico a mi esposa Anna por su incondicional amor y apoyo y a las sonrisas de Dios en nuestro hogar: Sophia, Antonio, Victoria y Marianna. Ellos me han enseñado en su manera propia "cuál es la anchura y la longitud, la altura y la profundidad, y conocer el amor de Cristo, que excede a todo conocimiento, y se llenen de toda la plenitud de Dios" (Efesios 3,18–19).

JUAN RENDÓN-REYES

RECONOCIMIENTOS

Los estudios bíblicos y las reflexiones como las que figuran en este texto dependen de la ayuda de otras personas que leyeron el manuscrito e hicieron algunas sugerencias. De manera especial estoy en deuda con la Hermana Anne Francis Bartus, CSJ, cuya vasta experiencia y conocimiento fueron muy útiles en orden a llevar esta serie a su forma final.

WILLIAM A. ANDERSON

Doy gracias a Libros Liguori por la invitación a contribuir en el conocimiento de la Palabra de Dios.

Gracias por la oportunidad brindada y por el apoyo y paciencia por parte del equipo editorial.

JUAN RENDÓN-REYES

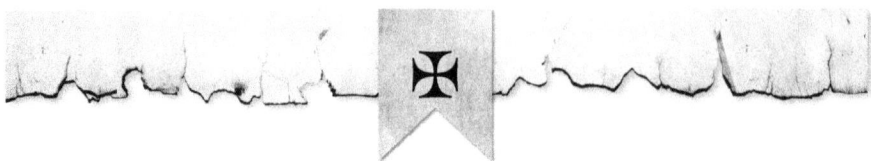

Introducción al
Estudio Bíblico de Libros Liguori

LEER LA BIBLIA puede intimidar a algunos. Es un libro complejo y muchas personas de buena voluntad que han tratado de leer la Biblia, terminaron dejándola totalmente confundidos. Por ello, ayuda tener un compañero de viaje y el *Estudio Bíblico de Libros Liguori* es uno confiable. En los diversos libros de esta colección, vas a aprender sobre el contenido de la Biblia, sobre sus temas, personajes y acontecimientos, y aprenderás también cómo los libros de la Biblia surgieron por la necesidad de salir al paso de nuevas situaciones.

A lo largo de los siglos, los creyentes se han preguntado: ¿dónde está Dios en este momento? Millones de católicos se vuelven a la Biblia en busca de aliento para su camino de fe. La prudencia nos aconseja no emprender un estudio de la Biblia por nosotros mismos, desconectados de la Iglesia que recibió la Escritura para compartirla y custodiarla. Cuando se utiliza como una fuente para la oración y atenta reflexión, la Biblia cobra vida.

Tu decisión de adoptar un programa para el estudio de la Biblia debe estar dictada por lo que esperas encontrar en él. Uno de los objetivos del Estudio Bíblico de Libros Liguori es dar a los lectores una mayor familiaridad con la estructura de la Biblia, con sus temas, personajes y mensaje. Pero eso no es suficiente. Este programa también te enseñará a usar la Escritura en tu oración. El mensaje de Dios es tan importante y tan urgente en nuestros días como entonces, pero solo nos beneficiaremos del mensaje si lo memorizamos y conservamos en nuestras mentes. Está dirigido a toda la persona en sus esferas física, emocional y espiritual.

Nuestro bautismo nos introduce a la vida en Cristo y estamos hoy llamados a vivir más unidos a Cristo en la medida en que practicamos los valores de la justicia, la paz, el perdón y la vida en la comunidad. La nueva alianza de Dios fue escrita en los corazones del pueblo de Israel; nosotros, sus descendientes espirituales, somos amados por Dios de una forma igualmente íntima. El *Estudio Bíblico de Libros Liguori* te acercará más a Dios, a cuya imagen y semejanza fuiste creado.

Estudio en grupo e individual

La colección de libros del *Estudio Bíblico de Libros Liguori* está orientada al estudio y la oración en grupo o de forma individual. Esta colección te da las herramientas para comenzar un grupo de estudio. Reunir a dos o tres personas en una casa o avisar de la reunión del grupo de estudio de la Biblia en una parroquia o comunidad puede dar resultados sorprendentes. Cada lección del Estudio Bíblico contiene una sección para ayudar a los grupos a estudiar, reflexionar y orar, y compartir con otros sus reflexiones bíblicas. Cada lección contiene también una segunda sección para el estudio individual.

Mucha gente que quiere aprender más sobre la Biblia no sabe por dónde empezar. Esta colección les da un punto de partida y les ayuda a seguir adelante hasta que se familiarizan con todos sus libros.

El estudio de la vida puede ser un proyecto tan largo como la misma vida, que enriquece siempre a todos los que quieren ser fieles a la Palabra de Dios. Cuando la gente completa un estudio de toda la Biblia, puede empezar otra vez, haciendo nuevos descubrimientos cada vez que se adentra de nuevo en la Palabra de Dios.

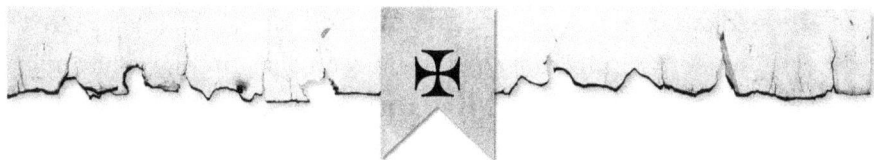

Lectio divina
(lectura sagrada)

EL ESTUDIO BÍBLICO no consiste únicamente en adquirir conocimientos intelectuales de la Biblia; también tiene que ver con adquirir una mayor comprensión del amor de Dios y una mayor preocupación por la Creación. El fin de leer y conocer la Biblia es enriquecer nuestra relación con Dios. Dios nos ama y nos dio la Biblia para enseñarnos ese amor. En su discurso de 12 de abril de 2013 ante la Pontificia Comisión Bíblica, el Papa Francisco subrayó que "la vida y misión de la Iglesia se fundan en la Palabra de Dios que es el alma de la teología y al mismo tiempo inspira toda la vida cristiana".

El significado de *lectio divina*

Lectio divina es una expresión latina que significa "lectura sagrada o divina". El proceso para la *lectio divina* consiste en leer, reflexionar y orar sobre la Escritura. Muchos clérigos, religiosos y laicos usan la *lectio divina* en su lectura espiritual todos los días, para desarrollar una relación más cercana y amorosa con Dios. Aprender sobre la Sagrada Escritura tiene como finalidad llevar a la vida personal su mensaje, lo cual requiere un periodo de reflexión sobre los pasajes de la Escritura.

Oración y *Lectio divina*

La oración es un elemento necesario para la práctica de la *lectio divina*. Todo el proceso de lectura y reflexión es en el fondo una oración, no es un esfuerzo puramente intelectual; es también espiritual. En la página 9 se ofrece una oración introductoria para reunir los propios pensamientos antes de abordar los diversos pasajes de cada sección. Esta oración se puede decir en privado o en grupo. Para los que usan el libro en su lectura espiritual de todos los días, la oración para cada apartado puede repetirse todos los días. También puede ser de utilidad llevar un diario de las meditaciones diarias.

Ponderar la Palabra de Dios

La *lectio divina* es la antigua práctica espiritual de los cristianos de leer la Sagrada Escritura con una intencionalidad y con devoción. Esta práctica les ayuda a centrarse y bajar a su corazón para entrar en un espacio íntimo y silencioso donde pueden encontrar a Dios.

Esta lectura sagrada es distinta de la lectura para adquirir conocimientos o información, y es más que la práctica piadosa de la lectura espiritual. Es la práctica de abrirnos a la acción e inspiración del Espíritu Santo. Mientras nos concentramos de forma consciente y nos hacemos presentes al significado íntimo del pasaje de la Escritura, el Espíritu Santo ilumina nuestras mentes y corazones. Llegamos al texto queriendo ser transformados por un significado más profundo que se encuentra en las palabras y pensamientos que estamos ponderando.

En este espacio nos abrimos a los retos y a la posibilidad de ser cambiados por el significado íntimo de la Escritura que experimentamos. Nos acercamos al texto con espíritu de fe y con obediencia, como un discípulo deseoso de ser instruido por el Espíritu Santo. A medida que saboreamos el texto sagrado, abandonamos la actitud controladora que quiere dictar a Dios cómo debe actuar en nuestras vidas y rendimos nuestro corazón y nuestra conciencia a la acción de lo divino (*divina*) a través de la lectura (*lectio*).

El principio fundamental de la *lectio divina* nos lleva a entender mejor el profundo misterio de la encarnación, "la Palabra se hizo carne", no solo en la historia, sino también en nosotros mismos.

Rezar la *lectio* en nuestros días

Relaja tu cuerpo y mantén una postura de oración (sentado con la espalda recta, ojos cerrados, ambos pies en el piso). Ahora sigue estos cuatro sencillos pasos:

1. Lee un pasaje de la Escritura o las lecturas de la Misa del día. Esta parte se llama *lectio* (si la Palabra de Dios se lee en voz alta, quienes escuchan deben hacerlo atentamente).

2. Ora usando el pasaje de la Escritura elegido, mientras buscas un significado específico para ti. Una vez más, la lectura se escucha y se lee en silencio para ser reflexionada o meditada. Esto se conoce como *meditatio*.

3. El ejercicio ahora se vuelve activo. Toma una palabra, frase o idea que aflore al estar considerando el texto elegido. ¿Esa lectura te recuerda alguna persona, lugar o experiencia? Si es así, haz oración pensando en ello. Concentra tus pensamientos y reflexiones en una sola palabra o frase. Este "pensamiento-oración" te ayudará a evitar las distracciones durante la *lectio*. Este ejercicio se llama *oratio*.

4. En silencio, con tus ojos cerrados, tranquilízate y hazte consciente de tu respiración. Deja que tus pensamientos, sentimientos y preocupaciones se desvanezcan mientras consideras el pasaje seleccionado en el paso anterior (la *oratio*). Si estás distraído, usa tu "pensamiento-oración" para volver al silencio y quietud. Esta es la *contemplatio*.

Puedes dedicar a este ejercicio tanto tiempo como desees, pero en el contexto de este Estudio Bíblico, de 10 a 20 minutos deberían ser suficientes.

Muchos maestros de oración llaman a la contemplación "orar descansado en Dios", y la ven como el preámbulo del perderse a sí mismo en la presencia de Dios. La Escritura se convierte en nuestra oyente mientras oramos y permitimos a nuestros corazones unirse íntimamente con el Señor. La Palabra realmente se hace carne, pero en esta ocasión se manifiesta en nuestra propia carne.

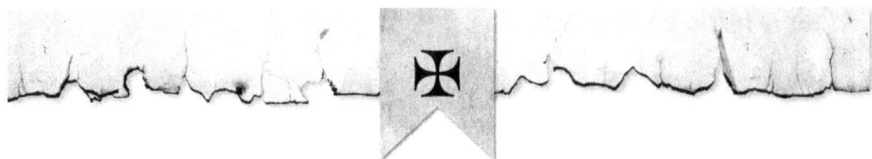

Cómo utilizar
el estudio bíblico

LOS COMENTARIOS y las reflexiones proporcionados en este estudio te ayudarán a familiarizarte y a reflexionar más profundamente en los textos y el mensaje de la Sagrada Escritura. Al finalizar su estudio tendrás un conocimiento más sólido sobre las cartas del cautiverio, las cartas pastorales y la Carta a los hebreos. Verás cómo estas cartas te nutren espiritualmente. El estudio bíblico, debemos recordarlo, es tanto una aventura intelectual como espiritual. Los comentarios y ejercicios de *lectio divina* te ayudarán a hacer un camino de fe de la mano de las Escrituras.

Contexto

Cuando los autores escribieron las Cartas a los Tesalonicenses, Filemón, colosenses, efesios, Timoteo, Tito y a los hebreos, las situaron en un contexto muy bien definido. Las cartas nos presentan respuestas a diversas problemáticas: determinadas situaciones pastorales, la estructura de la Iglesia o el sacerdocio de Cristo (Carta a los hebreos). En las cartas pastorales los autores responden a situaciones a las cuales las primeras cartas de Pablo no lo hacen. En las respuestas podemos ver cómo la Iglesia iba desarrollando la comprensión de sí misma, de su estructura interna, de su jerarquía. Para ayudar al lector en este estudio, cada lección comienza con un breve resumen del contexto de los pasajes de la Escritura que se van a estudiar, de manera que pueda situar los textos correctamente. El contexto es de suma importancia para entender lo que una carta está diciendo.

Visión general del libro

Este libro se divide en diez lecciones y te ofrece una visión global de las Cartas a los Tesalonicenses, Filemón, Colosenses, Efesios, Timoteo, Tito y hebreos. Cada lección tiene un título y se divide en dos partes prácticamente iguales en cuanto a contenido. Por ejemplo, el título de la primera lección es "Primera Carta a los Tesalonicenses" y se divide en dos partes, la primera se dedica a estudiar 1 Tesalonicenses 1,1–3,5, y la segunda, 1 Tesalonicenses 3,6–5,28). Cada lección incluye la primera parte para el estudio en grupo y la segunda para el estudio individual. Para el estudio en grupo es necesario hacer las lecturas requeridas antes de tener la reunión. De esta manera, todos podrán participar de manera activa en el dialogo y la reflexión. El estudio en grupo incluye varios ejercicios de *lectio divina*, que los participantes elegirán de común acuerdo.

Si el grupo decide hacer la *lectio divina*, se debe reunir durante una hora y media, y utilizar la metodología explicada en la página 9. Se puede reunir por espacio de una hora si el grupo decide no hacer *lectio divina* en común y puede utilizar la metodología explicada en la página 9. Si deciden no hacer *lectio divina* en común, se recomienda que cada participante haga el ejercicio en privado. Al final de la parte 1 de cada lección se proporciona una guía para hacer la *lectio divina* de manera individual.

Deseamos que el mensaje de tesalonicenses, Filemón, colosenses, efesios, Timoteo, Tito y hebreos te ayude a comprender mejor el misterio de Jesucristo. Que las palabras de vida que contienen estas cartas te ayuden a crecer en la fe.

UN MÉTODO PARA LA LECTURA SAGRADA

Libros Liguori ha diseñado este estudio para que sea fácil de usar y aprovechar. De cualquier forma, las dinámicas de grupo y los líderes pueden variar. No tratamos de controlar la labor del Espíritu Santo en ustedes, por eso les sugerimos que decidan de antemano qué metodología funciona mejor para su grupo. Si están limitados de tiempo, pueden hacer el estudio en grupo, y hacer la oración y la reflexión después, individualmente.

De cualquier forma, si tu grupo desea ahondar en la Sagrada Escritura y celebrarla a través de la oración y el estudio, les recomendamos dedicar alrededor de noventa minutos cada semana para reunirse, de forma que puedan estudiar y orar con la Escritura. La *lectio divina* (ve la página 9) es una antigua forma de oración contemplativa, que lleva a los lectores a encontrarse con el Señor usando el corazón y no solo la cabeza. Recomendamos vivamente usar este tipo de oración tanto en el estudio individual como en el de grupo.

METODOLOGÍAS PARA EL ESTUDIO EN GRUPO

1. Estudio bíblico con *lectio divina*

Alrededor de noventa minutos

- ✠ Reunirse y recitar la oración introductoria (3 -5 minutos)
- ✠ Leer el pasaje de la Escritura en voz alta (5 minutos)
- ✠ Lectura en silencio del comentario y preparación para discutirlo en grupo (3-5 minutos)
- ✠ Discutir el pasaje de la Escritura junto con el comentario y la reflexión (30 minutos)
- ✠ Leer el pasaje de la Escritura en voz alta por segunda vez seguido de un momento de silencio para la meditación y contemplación personal (5 minutos)
- ✠ Dedicar un poco de tiempo a orar usando el pasaje elegido. Los miembros del grupo leerán lentamente el pasaje de la Escritura por tercera vez, atentos a la voz de Dios mientras leen (10-20 minutos)
- ✠ Compartir con los demás las propias reflexiones (10-15 minutos)
- ✠ Oración final (3-5 minutos)

2. Estudio bíblico

Alrededor de una hora

- ✠ Reunirse y recitar la oración introductoria (3 -5 minutos)
- ✠ Leer el pasaje de la Escritura en voz alta (5 minutos)
- ✠ Lectura en silencio del comentario y preparación para discutirlo en grupo (3-5 minutos)
- ✠ Discutir el pasaje de la Escritura junto con el comentario y la reflexión (40 minutos)
- ✠ Oración final (3-5 minutos)

Observaciones para el líder

- ✠ Lleva una copia de la Biblia de Jerusalén versión latinoamericana © 2007, Editorial Desclée de Brower u otra que te ayude.
- ✠ Haz un programa con las lecciones que verán cada semana.
- ✠ Prelee el material antes de cada clase.
- ✠ Establece algunas normas escritas básicas (por ejemplo: las clases duran solo noventa minutos; no se puede acaparar el diálogo discutiendo o polemizando, etc.).
- ✠ Ten las clases en un lugar apropiado y acogedor (algún salón en la parroquia, una sala de reuniones o una casa).
- ✠ Usen gafetes con los nombres de los participantes y organiza alguna actividad en la primera clase para romper el hielo; pide a los participantes que se presenten al grupo.
- ✠ Pon separadores en los pasajes de la Escritura que van a leer durante la sesión.
- ✠ Decide cómo quieres que se lea la Escritura en voz alta durante las clases (uno o varios lectores).
- ✠ Usa un reloj de pared o de pulso.
- ✠ Ten algunas Biblias extra (o fotocopias de los pasajes de la Escritura) para aquellos participantes que no lleven Biblia.
- ✠ Pide a los participantes que lean "Introducción: a… (hay que mencionar la carta concreta que se va a leer. Las encontrarás en el apartado que comienza en la página 26).

✠ Di a los participantes qué pasajes van a estudiar y motívalos a leerlos antes de la clase; también invítalos a leer el comentario.

✠ Si optas por utilizar la metodología con *lectio divina*, familiarízate tú previamente con esta forma de orar.

Observaciones para los participantes

✠ Lleva tu propia copia de la Biblia de Jerusalén, versión latinoamericana © 2007, Editorial Desclée de Brower u otra que te ayude.

✠ Lee la "Introducción general" de la página 26 antes de la clase.

✠ Lee los pasajes de la Escritura y el comentario antes de cada sesión.

✠ Prepárate para compartir tus reflexiones con los demás y para escuchar las opiniones de los otros con respeto (no es un momento para discutir o hacer un debate sobre determinados aspectos de la fe).

Oración introductoria

Líder: Dios mío, ven en mi auxilio.

Respuesta: Señor, date prisa en socorrerme.

Líder: Gloria al Padre, y al Hijo, y al Espíritu Santo,

Respuesta: como era en el principio ahora y siempre por los siglos de los siglos. Amén.

Líder: Cristo es la vid y nosotros los sarmientos. Como sarmientos unidos a Jesús, la vid, estamos llamados a reconocer que las Escrituras siempre se han cumplido en nuestras vidas. Es la Palabra viva de Dios que vive en nosotros. Ven Espíritu Santo, llena los corazones de tus fieles y enciende en nosotros el fuego de tu divina sabiduría, conocimiento y amor.

Respuesta: Abre nuestras mentes y corazones mientras aprendemos sobre el gran amor que nos tienes y que nos muestras en la Biblia.

Lector: (Abre tu Biblia en el texto de la Escritura asignado y léelo con calma y atención. Haz una pausa de un minuto, buscando aquella palabra, frase o imagen que podrías usar durante la *lectio divina*).

Oración final

Líder: Oremos como Jesús nos enseñó.

Respuesta: Padre Nuestro...

Líder: Señor, ilumínanos con tu Espíritu mientras estudiamos tu Palabra en la Biblia. Quédate con nosotros este día y todos los días, mientras nos esforzamos por conocerte y servirte, y por amar como Tú amas. Creemos que a través de tu bondad y amor, el Espíritu del Señor está verdaderamente sobre nosotros. Permite que las palabras de la Biblia, tu Palabra, tomen posesión de nosotros y nos animen a vivir como Tú vives y a amar como Tú amas.

Respuesta: Amén.

Líder: Que el auxilio divino permanezca siempre con nosotros.

Respuesta: En el nombre del Padre, y del Hijo, y del Espíritu Santo. Amén.

Introducción general

Leer esta introducción antes de la primera clase.

LAS PRIMERAS CARTAS DE PABLO

1 Tesalonicenses

La Carta a los Tesalonicenses fue la primera carta que Pablo escribió. La Primera Carta a los Tesalonicenses es considerada el manuscrito más antiguo con el que se cuenta ya que fue escrita alrededor del año 50 d.C. Las cartas que se le atribuyen a Pablo en el Nuevo Testamento son enlistadas según el tamaño del material escrito, de la más grande (Romanos) a la más pequeña (Filemón). Si en el canon del Nuevo Testamento las cartas se hubiesen colocado según el orden cronológico, la Primera carta a los Tesalonicenses sería la primera de la lista. Debido al tamaño de las Cartas a los Tesalonicenses –muy breves– en el Nuevo Testamento aparecen como las cartas número ocho y nueve.

Pablo y sus compañeros Timoteo y Silvano, que son mencionados en la carta, fundaron la Iglesia en Tesalónica. Los Hechos de los Apóstoles narran los peligros que Pablo y Silas afrontaron como resultado de su misión en Tesalónica. Pablo predicó en la sinagoga de Tesalónica y convirtió a muchos. Sin embargo, algunos líderes judíos de la sinagoga se pusieron celosos de Pablo e instigaron a la gente para que se pusiera en contra de Pablo y sus compañeros. Los Hechos describen a Pablo predicando en el Sabbat en tres ocasiones. Sin embargo, varios biblistas creen que Pablo y sus compañeros debieron de haber permanecido más tiempo en Tesalónica ya que ahí fundaron una Iglesia.

Debido a los peligros que representaban para los judíos que rechazaron la fe en Cristo, Pablo y Silas tuvieron que abandonar la ciudad. Pablo predicó en la sinagoga de Berea y los judíos de este lugar estaban más abiertos a escuchar su mensaje. Tanto así que muchos se convirtieron. Sin embargo, tan serio era el problema con los judíos de Tesalónica, que vinieron a Berea para alborotar a la gente y ponerla en contra de Pablo. Cuando Berea ya no era un lugar seguro para Pablo, los cristianos de esa ciudad se llevaron a Pablo a Atenas. Pablo llega a Atenas y eventualmente Silas y Timoteo salen de Berea para unirse a él. Una vez en Atenas, Pablo se enfurece con tanta idolatría y empieza a predicar a Cristo y su resurrección, tanto en la sinagoga como en la plaza. Realmente no sabemos lo que pasó con Silvano cuando escapó a Berea con Pablo y Timoteo. Sin embargo, lo que sí sabemos es que Timoteo y Silas estaban junto a Pablo cuando escribió la carta.

Debido a que Pablo tuvo que salir de emergencia de Tesalónica, creyó conveniente continuar con su instrucción a los nuevos conversos al cristianismo a través de una carta. Después del saludo y de la acción de gracias, Pablo habla de su ministerio con ellos y agrega su deseo de estar con en Tesalónica para animarlos a crecer en la fe y en el amor. Los tesalonicenses viven en medio de una cultura pagana y están familiarizados con las prácticas paganas. Pablo los exhorta a vivir una vida fiel y moral como seguidores de Cristo. Pablo aborda la problemática sexual que existe entre los paganos en la cultura dominante y anima a los conversos a fortalecer su fe en Cristo y así permanecer fuertes y castos.

Un tema de gran importancia en esta carta es la segunda venida. Cuando Pablo predicó en Tesalónica, creía verdaderamente que la segunda venida de Cristo era inminente. Después de presentar este mensaje, responde a las preocupaciones que tal enseñanza provoca. Muchos de los tesalonicenses, convertidos al cristianismo, le preguntaban sobre lo que pasaría en la segunda venida con los que ya habían muerto. ¿Compartirían también ellos la resurrección? Pablo les asegura que los muertos serían los primeros en resucitar y después los vivos compartirían los dones de esa segunda venida. Como era de esperarse, algunos de los tesalonicenses estaban buscando algunos signos que dieran prueba de la inminente segunda venida de Cristo. Querían estar preparados. Pablo les enseña que estar buscando signos que predigan la hora de la segunda venida es una pérdida de tiempo. Los anima a que estén despiertos y listos para cuando esto suceda.

2 Tesalonicenses

Muchos biblistas no están seguros de si Pablo realmente escribió 2 Tesalonicenses. Anteriormente muchos pensaban que 2 Tesalonicenses era la segunda parte de 1 Tesalonicenses. Esta convicción se basaba en la posibilidad de que algunos conversos tuvieran más preguntas sobre las enseñanzas de Pablo, en particular, sobre la segunda venida de Cristo. Sin embargo, hay evidencias de que muy probablemente esta carta no fue escrita por Pablo, sino por alguno de sus compañeros; tal discípulo responde en el nombre de Pablo. Esta carta es mucho más formal que 1 Tesalonicenses.

La carta sale al paso de dos problemas graves: 1) saber si la segunda venida de Cristo ya había sucedido y 2) la pregunta sobre si valía la pena esforzarse por construir la ciudad terrena, dado que el fin de esta era inminente. Algunos predicadores aparentemente estaban convenciendo a un número pequeño de conversos de que la segunda venida ya había sucedido. El autor de esta carta responde a la problemática presentando algunos de los signos que precederán a la segunda venida. Esta respuesta es lo que ha hecho pensar a muchos biblistas que Pablo no es el autor de la carta. En 1 Tesalonicenses Pablo expresa de manera muy clara que este tipo de signos no existen.

Otro de los problemas en la comunidad de Tesalónica es que había algunos conversos que en respuesta al mensaje de Pablo sobre la inminente segunda venida de Cristo, habían dejado de trabajar. Pensaban que no era necesario ya trabajar, si la segunda venida era inminente. Pablo los exhorta a dejar de ser perezosos, lo cual los lleva al chisme y afirma que aquellos que no trabajan no deberían de comer. Pablo se presenta ante ellos como un ejemplo de alguien que había trabajado mientras estaba con ellos. Trabajó aun cuando creía en la inminente segunda venida de Cristo.

LAS CARTAS DEL CAUTIVERIO

Pablo en la prisión

En la Segunda Carta a los Corintios, Pablo se gloría de los sufrimientos que había pasado por su amor a Cristo. Entre sus dolores por Cristo y su tiempo en la prisión, les dice que es un ministro del Señor que les ganaba en fatigas, prisiones y hasta en más golpes recibidos (2 Cor 11:23). El periodo más notable del encarcelamiento de Pablo sucede en Cesarea y en Roma. Su largo periodo en la prisión comenzó cuando más de cuarenta personas de Judea querían matarlo, tales personas se habían comprometido a no comer ni beber hasta haber dado muerte a Pablo (Hch 23:12-13). El comandante, sabiendo sobre la emboscada preparada para matar a Pablo, llama a dos centuriones para que tengan preparados doscientos soldados de infantería, setenta de caballería y doscientos lanceros. También ordenó preparar caballos para Pablo para llevarlo sano y salvo al gobernador Félix en Cesárea.

Después de que Pablo había estado en prisión por dos años, hubo cambio de liderazgo en Roma. Como parecía que algunos estaban buscando la manera de matar a Pablo, él hace su apelación al César para que escuche su caso. Pablo era ciudadano romano. Como resultado, las autoridades no tuvieron otra opción que enviarlo a Roma. Fue un viaje largo y muy peligroso; en momentos estuvo a punto de perder su vida. Finalmente llegó a Roma donde estuvo en arresto domiciliario, lo cual le dio ciertas libertades. Por dos años, Pablo predicó el mensaje del Evangelio libremente a cualquiera que lo visitaba. El libro de los Hechos de los Apóstoles concluye con las palabras, "Pablo permaneció dos años enteros en una casa que había alquilado y recibía a todos los que acudían a él; predicaba el Reino de Dios y enseñaba lo referente al Señor Jesucristo con toda valentía, sin estorbo alguno" (Hch 28:30-31).

Muchos biblistas creen que fue durante el cautiverio en Roma cuando Pablo escribió sus cartas a los colosenses, a los filipenses y a Filemón. Sin embargo, hay otros que creen que estas cartas fueron escritas cuando estuvo prisionero en Cesárea o tal vez en algún otro lugar que el libro de los Hechos no menciona. Aunque en la Carta a los Efesios afirma que fue escrita desde la prisión, muchos biblistas creen que Pablo no es el autor de esa carta.

Colosenses

Las opiniones entre los biblistas sobre la autoría de Pablo en esta carta están divididas. La carta contiene algunas explicaciones teológicas que no parecen ser de Pablo, así como también ciertas características literarias que no son comunes en él. Sin embargo, esto no parece ser suficiente evidencia para afirmar con toda certeza que la carta no fue escrita por él. Colosenses tiene ciertas semejanzas con Filemón, carta que se considera auténtica de Pablo.

Colosas era una pequeña ciudad de Frigia, localizada en la provincia romana de Asia y estaba situada a unos 200 kilómetros de Éfeso. Estaba habitada por habitantes nativos, colonos griegos y judíos de la diáspora. Colosas fue evangelizada por Epafras, un discípulo de Pablo. Pablo escribe para corregir ciertos errores que se han filtrado entre los miembros de la comunidad. En Colosas, algunos elementos del paganismo y del judaísmo habían creado una corriente religiosa de tendencias gnósticas y esotéricas, algo así como la "Nueva Era" que tanto llama la atención en el mundo de hoy. Algunos de los conversos en Colosas estaban adorando a los elementos y potencias cósmicas, y otros le daban un protagonismo excesivo a los ángeles y otras deidades, hasta el punto de incorporarlos a fiestas, rituales y celebraciones.

Pablo enfrenta el problema hablando de la centralidad de Cristo. Presenta a Cristo como Señor de todo lo creado. Cristo incorpora a hombres y mujeres de toda raza o nación a su muerte y resurrección. Cristo es la cabeza de la Iglesia, la cual es, a su vez, su cuerpo y sacramento visible de la salvación universal. Él ha vencido a todos los poderes cósmicos e históricos que han pretendido ser señores del mundo. Es el único y definitivo mediador. Es el Salvador de toda la Creación.

Efesios

Muchos biblistas creen que esta carta no la escribió Pablo sino un escritor diferente entre los años 80 y 100. Su argumento se basa en las diferencias de estilo entre esta carta y las llamadas cartas auténticas, las referencias sobre cuestiones doctrinales que muestran un desarrollo teológico posterior a Pablo y a la imagen de una Iglesia compuesta mayormente por gentiles. Durante el periodo de Pablo, aunque ya había muchos cristianos gentiles, el mayor número de cristianos provenía todavía del judaísmo. La carta está dirigida a los efesios, sin embargo, esta carta no aparece en los manuscritos más antiguos del Nuevo Testamento. Muy probablemente era una carta circular, que debía de leerse en varias Iglesias. Los biblistas piensan que la expresión "en Éfeso" fue agregada a la carta más de un siglo después de haber sido escrita.

El tema de la carta es la Iglesia como misterio. Una Iglesia que se presenta como el Cuerpo de Cristo con una misión universal. Una Iglesia que necesita ahondar en el vínculo de comunión que la mantenga unida y plural al mismo tiempo. Las Cartas a los Colonsenses y a los Efesios se complementan; la primera habla sobre el misterio de Cristo y la segunda sobre el misterio de la Iglesia. El misterio escondido de Dios, Cristo, se despliega en y por la Iglesia. Efesios coloca la misión de la Iglesia en el centro mismo del universo. La Iglesia es sacramento universal de salvación. La Iglesia es universal, pueblo de Dios y esposa del Mesías. También es nueva creación de una humanidad unificada, es un edificio compacto y un cuerpo en crecimiento que se llena de la plenitud de Cristo. Cristo es la cabeza de la Iglesia.

Filemón

La Carta a Filemón es considerada como auténtica de Pablo. Es una nota muy corta y personal para Filemón. En ella Pablo habla sobre el esclavo Onésimo que aparentemente huyó de su amo Filemón. Onésimo se convirtió a Cristo y pasó a ser un compañero de Pablo. Pablo ahora lo envía de regreso a Filemón y le suplica que lo trate con compasión, pues él lo ama como a un hermano. Si Filemón quiere castigar a Onésimo, Pablo le pide que sea a él a quien Onésimo castigue. La carta está llena de ternura y nos muestra el profundo amor de Pablo por Onésimo y Filemón.

LAS CARTAS PASTORALES

A las Cartas a Timoteo y Tito se les conoce como cartas pastorales. Reciben este nombre porque en ellas podemos ver cómo la Iglesia, desde el principio, ve como su obligación el pastoreo de la comunidad cristiana. El nombre "pastoral" viene de la palabra "*pastor*", en latín, que significa "el que cuida el rebaño de ovejas". La imagen de fondo en el título de estas cartas es Jesús el buen pastor. En las dos Cartas a Timoteo y a Tito se pueden apreciar las instrucciones escritas de Pablo a sus dos íntimos colaboradores que se encuentran al frente de las Iglesias de Éfeso y Creta, respectivamente.

En estas tres cartas, 1–2 Timoteo y Tito, se puede apreciar el nacimiento del liderazgo espiritual de la Iglesia sobre cuestiones de gobierno y atención a las necesidades de las comunidades que estaban creciendo. En estas cartas se presentan instrucciones detalladas de la estructura jerárquica que es necesaria para mantener un orden en las comunidades. Cuando estas cartas fueron escritas, la Iglesia se encontraba en la transición de un grupo unido de asambleas locales a una estructura de Iglesia más universal. Estas cartas se escriben durante la segunda y tercera generación de cristianos. Del ímpetu por evangelizar de las primeras décadas se da paso a la necesidad de consolidar y mantener a las Iglesias locales en la tradición y enseñanzas recibidas de los apóstoles. En otras palabras, se trabaja por conservar el Depósito de la fe. Es necesario, por tanto, nombrar líderes que sepan mantener el orden y la concordia y regular el culto.

En estas cartas se nos presentan las formas en que las Iglesias son amenazadas por enseñanzas erróneas. Por tanto, es necesario reiterar las enseñanzas apostólicas recibidas. Las cartas reiteran el adjetivo "sano/a" para referirse a la enseñanza ortodoxa. La enseñanza ortodoxa es la verdad de la cual algunas personas o grupos se han separado. Muy probablemente algunos grupos judaizantes continuaban enseñando sobre prohibiciones alimenticias y la circuncisión. Sin embargo, un gran problema era el gnosticismo que se había infiltrado en las comunidades. Tales enseñanzas esotéricas confundían a muchos. Enseñanzas como la maldad del mundo material, la condenación de la actividad sexual, la negación de la divinidad de Cristo, la afirmación de un solo Creador y un solo Salvador sembraban mucha confusión entre los fieles.

El autor

Desde el siglo II hasta el siglo XIX, los biblistas consideraban a Pablo como el autor de estas cartas. A partir del siglo XIX, se empezó a cuestionar la autenticidad paulina de estas cartas. En la actualidad son muy pocos los biblistas que atribuyen la autoría de estas cartas a Pablo. El consenso general es que son obra de un discípulo de Pablo de la segunda generación cristiana. El autor de estas cartas, al utilizar el nombre de Pablo, quiere asegurar a los lectores que el contenido era fiel a las enseñanzas del Apóstol.

Existen varias razones por las cuales la mayoría de los biblistas está de acuerdo sobre la no autoría de Pablo. El estilo de las cartas auténticas es fuerte, directo y apasionado, mientras que estas cartas son más específicas en los temas que tratan y son menos apasionadas. El argumento más convincente en contra de la posible autoría paulina es la problemática que las cartas abordan. El contenido de las cartas nos presenta una Iglesia mucho más estructurada y organizada que las del tiempo de Pablo. Estas Iglesias ahora cuentan con obispos, ancianos y diáconos con funciones muy específicas. Por otra parte, el vocabulario q difiere del utilizado por Pablo en sus cartas. Los aspectos institucionales reflejan más la Iglesia que se encuentra en pleno desarrollo a principios del siglo II d.C.

Estructura de 1 Timoteo

La carta empieza con el saludo y pasa inmediatamente a abordar la problemática de los falsos maestros. Después el autor da instrucciones a Timoteo. Habla sobre la oración y sobre el comportamiento de los hombres y las mujeres en la oración y la asamblea. El autor especifica los requisitos para ser obispo y para ser diácono. Presenta los deberes de Timoteo como pastor de la comunidad y la conducta personal de un ministro de Dios. Describe el ministerio de las viudas y de los ancianos o presbíteros. Vuelva a hablar sobre la polémica de los falsos maestros y da unos últimos encargos a Timoteo.

Estructura de 2 Timoteo

Esta carta empieza con el saludo y, a diferencia de la primera carta, está sí incluye una acción de gracias. Después el autor le recuerda al destinatario que sea fiel a la Buena Nueva recibida. Le pide al destinatario, a quien llama hijo mío, que luche como un soldado de Cristo. Presenta a la Iglesia como casa grande y habla sobre los últimos tiempos. Le vuelve a recordar al destinatario que permanezca fiel a la Palabra de Dios, que sea servidor de la Palabra. Por último, da recomendaciones y saludos finales.

Estructura de Tito

El autor da un breve saludo para después hablar sobre la misión en Creta. Le pide al destinatario, en este caso Tito, que explique lo que corresponde a la sana doctrina. Habla sobre la gracia de la salvación y sobre lo que es vivir una conducta ciudadana ejemplar. Antes de los saludos finales, expresa la gran bondad y ternura de Dios; es por amor que Dios los ha salvado de la perdición.

LA CARTA A LOS HEBREOS

Características de la carta

La Carta a los hebreos en realidad no parece una carta; no comienza con los preámbulos propios de una carta: el remitente, los destinatarios, el saludo y la introducción. La Carta a los hebreos es más bien un tratado teológico sobre el sacerdocio de Cristo. Algunos biblistas afirman que es una homilía muy larga dando una explicación sobre el Antiguo Testamento y su relación con Cristo. Se dirige a los cristianos de la segunda generación que vivían momentos de desesperanza y confusión. Como homilía debía ser leída a la comunidad. A final de cuentas, la carta no tiene las características de una carta, ya que no es personal sino un discurso demasiado formal.

El autor

Desde de la antigüedad había dudas sobre la posible autoría de Pablo. Sin embargo, por falta de mayor luz, fue atribuida al Apóstol. Las dudas siempre han existido y la mayoría de los biblistas está de acuerdo en que Hebreos no fue escrita por Pablo, sino por un discípulo suyo. Las razones que dan son: faltan las referencias personales, el griego es muy puro y elegante, y el estilo es sosegado y expositivo. El tratado carece de la pasión propia del Apóstol de los gentiles.

Orígenes, gran teólogo del siglo III, atribuía la carta a un autor desconocido. Debido a la excelente composición en griego y al exaltado estilo literario, algunos biblistas sospechan que Apolo, un compañero de Pablo que era reconocido por su gran arte de oratoria, es el verdadero autor. Sin embargo, otros biblistas nombran a otros personajes de la Iglesia primitiva como los autores, pero no hay evidencia sólida; al final son solo especulaciones. En resumen, no se sabe con certeza quién es el autor de esta carta o tratado teológico.

Fecha y lugar de composición

Algunos biblistas datan la fecha de la carta a finales del siglo I. Esta especulación se basa en que la carta es citada por Clemente romano en una carta que él escribió alrededor del año 96 d.C. En la Primera carta de Clemente de Roma, cita algunas afirmaciones teológicas que al parecer tienen su origen en la Carta a los hebreos. Sin embargo, esta situación sigue siendo especulación literaria porque no se tienen pruebas convincentes de que Clemente hubiese tenido acceso a esa carta. Es probable que la carta se haya escrito entre los años 60 al 90 d.C. Algunos biblistas piensan que fue escrita antes de la destrucción del templo de Jerusalén (año 70), ya que el autor parece insinuar que el culto judío todavía se desarrollaba en el Templo (Heb 10,1–3). Por último, en la exhortación final el autor envía saludos desde Italia (13:24). Este texto ha abierto las especulaciones de que muy probablemente esta carta se escribió en Roma. Sin embargo, la mayoría de los biblistas no apoya esta teoría.

Los destinatarios

El título de la carta es "Carta a los hebreos"; sin embargo, la mayoría de los biblistas piensan que la carta fue escrita para los cristianos, tanto judíos como gentiles conversos que estaban familiarizados con el Antiguo Testamento griego. Hacia finales del siglo I, la mayoría de los cristianos gentiles estarían ya instruidos sobre la importancia del Antiguo Testamento para entender plenamente el mensaje de Cristo. Los biblistas que apoyan la teoría de que la carta fue escrita para judíos convertidos al cristianismo, argumentan que responde a la nostalgia por el esplendor de la liturgia del Templo de Jerusalén. Tal nostalgia por la belleza litúrgica que había en torno al sacerdocio judío, era un riesgo para la permanencia en el cristianismo de los judíos conversos.

El tema de la carta y la identidad de Jesucristo (1:1–4:13)

El autor inicia con una bella exposición teológica sobre la naturaleza del Hijo: Cristo es Hijo de Dios y hombre glorificado. Cristo es el pionero de la salvación y es Sumo y eterno Sacerdote. Después, el autor hace una comparación entre Jesús y Moisés, y trata el tema del "hoy" de Dios.

Los logros de Jesucristo (4:14–10:18)

El autor describe por qué Jesucristo es Sumo Sacerdote de la Nueva Alianza entre Dios y la humanidad. Hace un llamado a la madurez y perseverancia; habla sobre la relación entre Melquisedec y Jesucristo. Después habla sobre la realidad de la Nueva Alianza, el sacrificio eterno de Cristo, el santuario y la eficacia del sacerdocio de Cristo y nuestro sacerdocio.

Exhortación a permanecer firmes en la fe y el sacerdocio de los cristianos (10:19–13:25)

El autor hace un contraste entre las limitaciones del Antiguo Testamento y los dones de la Nueva Alianza. Este argumento es el que el autor utiliza como razón principal para animar a los destinatarios a permanecer fieles al mensaje de salvación. Les pide que sus vidas estén unidas a Cristo, quien nunca cambia. Los cristianos ahora pueden entrar al nuevo tabernáculo de la Jerusalén celestial por medio de Cristo. El autor les pide que vivan una vida digna del llamado que han recibido.

Primera Carta a los Tesalonicenses: la segunda venida de Cristo

1 TESALONICENSES 1–5

"No quiero que sigan en la ignorancia acerca de los difuntos, para que no estén tristes como los demás que no tienen esperanza. Porque, si creemos que Jesús murió y resucitó, de la misma manera Dios llevará con Jesús, a los que murieron con él" (1 Tes 4:13–14).

Oración inicial (ver página 17)

Contexto

Parte 1. 1 Tesalonicenses 1:1–3:5: Pablo extiende su saludo de gracia y paz, junto con Silvano y Timoteo a la Iglesia de Tesalónica, en Dios Padre y el Señor Jesucristo. Les recuerda que siempre los tiene presentes en sus oraciones y que ellos han sido elegidos por haber recibido el mensaje de la Buena Nueva con el gozo del Espíritu Santo. Fue tan grande la aceptación de los tesalonicenses, que la fama de su fe en Dios se extendió por todas partes. Después del saludo, Pablo habla sobre su ministerio en Tesalónica. Les recuerda cómo ellos predicaron la Buena Nueva en medio de una fuerte oposición y que siempre se portaron ante ellos con toda bondad, como una madre que acaricia a sus criaturas. Pablo y sus compañeros no le costaron nada a la comunidad.

Pablo también les recuerda que ellos los trataron como un padre a su hijo, exhortándolos, animándolos y exigiéndoles que vivan una vida digna de Dios. Pablo afirma que ellos recibieron la Palabra de Dios como lo que realmente es, Palabra de Dios. De nuevo, Pablo pide por su fidelidad y, aunque no está presente en medio de ellos, tiene grandes deseos de volver a verlos. Afirma que ellos son su gloria y su gozo. Por último, Pablo expresa sus preocupaciones como apóstol. Envía a Timoteo para que los confirme en la fe y los anime para que no desfallezcan de las tribulaciones.

Parte 2. 1 Tesalonicenses 3:6–5:28: Pablo expresa su alegría porque Timoteo le trajo buenas noticias de la fe y del amor entre ellos, y reitera su deseo de visitarlos muy pronto. Afirma lo que es vivir una vida cristiana, vivir conforme a lo que habían aprendido de Pablo y sus compañeros, ya que de ellos aprendieron la manera de comportarse para agradar a Dios. Una auténtica vida cristiana los hará santos; Dios los ha llamado a la santidad. Un tema de gran importancia que aborda Pablo es la venida del Señor. Les recuerda que si creen que Jesucristo murió y resucitó, de igual manera ellos serán llevados a la vida eterna por Dios. Pablo los exhorta a vivir a la espera del gran día del Señor, ese día llegará como un ladrón nocturno. Los tesalonicenses no deben preocuparse, ya que son hijos de la luz. Por último, Pablo se despide e invita a todos a respetar a los que trabajan, gobiernan y dan consejo.

ESTUDIO EN GRUPO (1 TES 1:1–3:5)

Leer el texto en voz alta.

1:1–10: Saludo y acción de gracias

Teniendo en cuenta que esta carta es considerada como el documento cristiano más antiguo, escrito hacia el año 50 o 51 d.C., vale la pena analizar el saludo con detalle. Antes que nada, Pablo sigue el modelo convencional de las reglas de cortesía del género epistolar en su tiempo. A la estructura del saludo, remitente-destinatarios-expresión de buenos deseos, Pablo le da un contenido cristiano. Esta acción en sí ya es revolucionaria en ese tiempo. En este saludo, Pablo se presenta como autor de la carta y presenta a Silvano y a Timoteo como remitentes. Pablo no se presenta con su título de apóstol como lo hace en otras cartas.

Los destinatarios son miembros de la Iglesia de Tesalónica. La palabra Iglesia es de gran importancia. En el contexto civil de la época, la palabra griega *ekklesía* designaba a la "asamblea de dirigentes". Esta asamblea encarnaba el ideal democrático de la participación ciudadana que había dado origen a la ciudad griega, la *polis*. Tales asambleas estaban sometidas a la autoridad suprema del emperador; eran controladas por el dominio político, económico y social del imperio romano. El genio de Pablo está en que las "asambleas de los cristianos" o *ekklesíae* estaban totalmente sometidas a Dios. Esto es revolucionario porque la Iglesia se presenta como una sociedad alternativa y radicalmente distinta de la asamblea griega. Los que convocan y sostienen esta nueva *ekklesía* son Dios Padre y el Señor Jesucristo. Por último, en la mente de Pablo, la asamblea cristiana es la heredera de la asamblea de Dios, la *qahal*. Este es el título con que se designaba al pueblo de Israel.

En la acción de gracias Pablo afirma que constantemente dan gracias a Dios Padre por todos ellos. Los tienen presentes en sus oraciones y recuerdan la fe activa, el amor entrañable y la esperanza perseverante que los tesalonicenses han demostrado. Los tesalonicenses son un ejemplo de lo que llamamos virtudes teologales: fe, esperanza y caridad. Por tal razón, Pablo asegura que los tesalonicenses, a los que llama "hermanos queridos de Dios", han sido elegidos, han sido consagrados. Ellos abrazaron el anuncio de la Buena Nueva, el Evangelio de Dios, tanto con sus palabras como con el gran don del Espíritu Santo y con fruto abundante.

Los tesalonicenses siguieron el ejemplo de Pablo y sus compañeros y el del Señor Jesucristo. Abrieron su corazón con gran gozo para que de esa manera el Espíritu Santo pudiese fortalecerlos en medio de tantas dificultades. Tan grande fue la apertura de los tesalonicenses al anuncio de la Buena Nueva, que su conducta y entregan fueron consideradas como modelos de fe, esperanza y amor en las regiones de Macedonia y Acaya. Por tanto, se puede considerar que la labor de Pablo en Tesalónica fue un éxito rotundo. Los tesalonicenses, después de haber recibido la Palabra del Señor con fe, se dieron a la tarea de difundir la fe recibida mediante el testimonio, esto es, sus obras. Los tesalonicenses eran considerados un modelo de cómo abrazar totalmente la fe y del rechazo a todo tipo de ídolos. Se entregaron al Dios vivo y verdadero para servirlo y esperar la venida triunfal de su Hijo Jesucristo.

2:1–20: Ministerio de Pablo en Tesalónica

Después del maravilloso saludo y acción de gracias Pablo hace una síntesis de lo que fue su ministerio en Tesalónica. El recuento de su ministerio es una especie de autobiografía apostólica. Después de sufrir malos tratos en Filipos, Dios les dio valentía para que anunciaran la Buena Nueva en medio de una fuerte oposición. La predicación de Pablo y de sus compañeros no es una palabra humana, sino la verdadera Palabra de Dios. Dios los hace dignos y les confía su Palabra transformadora para que la prediquen, no para agradar a los seres humanos, sino a Dios mismo. Dios, que examina el corazón del ser humano, se digna confiarles su mensaje de salvación, Jesucristo.

Pablo afirma que nunca halagaron a los tesalonicenses con palabras bonitas y que tampoco usaron algún pretexto para ganar dinero. Hicieron a un lado el ganar honores humanos, ya que hubiesen podido hacerlo por ser apóstoles de Cristo, pero todo esto lo rechazaron. Durante el tiempo de Pablo había muchos charlatanes que predicaban por dinero. Pablo hace trabajo manual, considerado humillante y propio de los esclavos durante el tiempo que estuvo con ellos, para no ser una carga económica a la comunidad y también para dar credibilidad al mensaje que transmite. Su única preocupación era que los tesalonicenses aceptaran el mensaje de la Buena Nueva para su salvación. Dios mismo les confió esta misión. Tanto era el amor de Pablo y sus compañeros por los tesalonicenses, que utilizan la imagen de la madre y el padre para que pudieran ver la magnitud de su amor. Así como una madre y un padre darían hasta la vida por sus hijos, de igual manera harían Pablo y sus compañeros.

La misión de Pablo y de sus compañeros era exponer el contenido de la Buena Nueva y nunca imponerla. El mensaje debía ser aceptado con total libertad. Pablo y sus compañeros tenían como misión anunciarles la Buena Nueva y, al ser criaturas amadas por Dios mismo, les dispensan un trato santo, justo e irreprochable. Los exhortan, los animan y les exigen llevar una vida digna de Dios que los ha colmado de gloria y los ha llamado a ser parte de su Reino. Pablo da gracias a Dios porque los tesalonicenses recibieron la Palabra de Dios como lo que es realmente, Palabra de Dios. Esta Palabra de Dios actúa entre ellos con poder y esta Palabra de Dios es Jesucristo, el Evangelio de vida.

Pablo afirma que ellos están compartiendo verdaderamente los sufrimientos de Cristo al sufrir a causa de sus mismos compatriotas. Han sufrido el mismo trato que las Iglesias de Dios han sufrido de parte de los judíos. Pablo dice que estos judíos le dieron muerte al Señor Jesús, los persiguieron a ellos (Hch 17) y son enemigos del mundo. Estas palabras son muy fuertes y muy probablemente reflejan lo que él había sufrido. Estos judíos les impiden hablar a los gentiles del mensaje de salvación de Dios; el castigo de Dios vendrá sobre ellos. Por último, Pablo afirma su ardiente deseo de volver a verlos; están separados en el cuerpo más no en el corazón. Afirma algo interesante: quiso visitarlos varias veces pero Satanás se lo impidió. Muy probablemente se refiere a los judíos que lo habían perseguido. Los reconforta con el hecho de la venida del Señor Jesús, que verá en todos ellos el mutuo amor que se tienen. Los tesalonicenses son la gloria y el gozo del apóstol Pablo.

3:1–5: Preocupaciones apostólicas de Pablo

Pablo decide enviar a Timoteo al cual llama "hermano nuestro y colaborador de Dios en el Evangelio de Cristo" (1 Tes 3:2). Es evidente que Pablo está verdaderamente preocupado por el bienestar de esta comunidad. Dado que Timoteo no participó en la evangelización de Tesalónica, pues se quedó en Filipos (Hch 17:14), Pablo pensó que pasaría por desapercibo y no despertaría sospechas. Timoteo es enviado para confirmarlos en la fe que recibieron de Pablo y para animarlos a mantenerse firmes en la fe en medio de las persecuciones. Pablo les recuerda que esto es parte de la aceptación del mensaje de salvación: los van a perseguir de la misma manera que persiguieron al Señor Jesús. Pablo admite que es tan grande su preocupación por ellos, que ha enviado a su gran colaborador Timoteo para darle un reporte del estado de su fe.

Preguntas de reflexión

1. La Iglesia es una sociedad alternativa y radicalmente distinta de las asambleas humanas, ya que es convocada y sostenida por Dios Padre y el Señor Jesucristo. Los cristianos se someten a Dios y no a los poderes humanos. En tu experiencia de vida, ¿sucede realmente esto en tu parroquia?, ¿se ven y actúan como una sociedad distinta de las asambleas humanas? Comparte tus ideas con los demás.

2. Pablo afirma que los tesalonicenses aceptaron la Palabra de Dios como lo que realmente es, la Palabra de Dios. ¿Has hecho lo mismo en tu vida? Comparte tus ideas con los demás.

3. Pablo se preocupó tanto de los tesalonicenses que envió a Timoteo para confirmarlos en la fe recibida. ¿De qué maneras has hecho lo mismo que Pablo, acudir al auxilio de alguien cuya fe está siendo atacada? ¿Vino alguien a confirmarte en la fe recibida en algún momento de tu vida? Comparte tus ideas con los demás.

Oración final (ver página 17)

La oración final se dice antes o después del ejercicio de *lectio divina*.

Lectio divina (ver página 9)

Relaja tu cuerpo y mantén una postura de oración (sentado, ojos cerrados, ambos pies en el piso). Este ejercicio puede tomar el tiempo que sea necesario. En el contexto de este estudio de Biblia, de 10 a 20 minutos son suficientes. El propósito de la *lectio divina* es ayudarte a entrar en la dinámica de la lectura orante mediante la meditación, la oración y la contemplación de la Palabra de Dios; que puedas entablar un diálogo con Dios en lo más íntimo de tu corazón. Ve la página 9 para más instrucciones.

Saludo y acción de gracias (1:1-10)

Lectura: Amigo y amiga, Pablo afirma que cuando predicaron la Buena Nueva a los tesalonicenses, no fue solo con palabras, sino con la eficacia del Espíritu Santo y con fruto abundante. Los tesalonicenses, por su parte, siguieron el ejemplo de Pablo y del Señor Jesús, recibiendo el mensaje con el gozo del Espíritu Santo en medio de grandes dificultades. Lo hicieron hasta el punto de convertirse en modelo de todos los creyentes.

Meditación: ¿Qué te dice el texto bíblico en este día? Deja que el Señor te examine por medio de su Palabra. No son palabras del pasado, sino del presente. Semana tras semana, en la liturgia eucarística del domingo, escuchamos la Palabra de Dios. Dios se vale de seres humanos para anunciar su mensaje de liberación y salvación. Es el Espíritu Santo el que habla por medio de instrumentos humanos. Amigo y amiga, ¿realmente escuchas ese mensaje? Sería conveniente en este preciso momento preguntarse seriamente: 1) ¿vivo en mi vida personal ese anuncio de salvación?; 2) ¿soy modelo de lo que es ser discípulo del Señor Jesús para los demás?; 3) ¿absorbo totalmente el contenido de la fe y sus implicaciones o simplemente prefiero un licuado de la fe? Comparte con los demás lo que el texto bíblico te dice en este momento.

Oración: Después de la meditación pasamos a la etapa de la oración. ¿Qué le vas a decir al Señor como respuesta a su Palabra? Ofrécele este momento. Cierra tus ojos y abre tus manos, pídele su gracia para abrazar la totalidad del anuncio de la Buena Nueva. Guarden un momento de silencio.

Contemplación: ¿Qué conversión de la mente, del corazón y de tu vida te pide el Señor? ¡Amigo y amiga, dale tu mente, tu corazón y tu vida al Señor! Solo Él sabe lo que hay en tu corazón, ¡no tengas miedo!

Acción: En este último paso de la *lectio* la pregunta fundamental es: ¿qué acciones vas a emprender hoy para poner en práctica este mensaje? Que el Señor te conceda su gracia para encarnar su mensaje y transmitirlo a los demás.

Ministerio de Pablo en Tesalónica (2:1–20)

Lectura: Amigo y amiga, Pablo afirma que los tesalonicenses son testigos y también Dios del trato santo, justo e irreprochable que les dispensaron. Hasta trataron a cada uno como un padre trata a su hijo: exhortándolo, animándolo y exigiéndole llevar una vida digna de Dios; el gran Dios que los ha llamado a su Reino y gloria. Pablo da gracias a Dios porque los tesalonicenses, cuando escucharon la Palabra de Dios que ellos les predicaron, la recibieron, no como palabra humana, sino como lo que realmente es: Palabra de Dios. Esta es una Palabra eficaz que actúa en medio de ellos.

Meditación: ¿Qué te dice el texto bíblico en este día? Deja que el Señor te examine por medio de su Palabra. No son palabras del pasado, sino del presente. Sería conveniente meditar sobre el poder de la Palabra de Dios en tu vida personal y pública. La Palabra de Dios no es palabra humana, la Palabra de Dios es una persona y tiene un rostro, Jesucristo Hijo de Dios, Señor y Salvador nuestro. Escuchar la palabra significa ser dócil y obediente a ella, significa entregarse por completo al contenido de ese mensaje; dar la mente, el corazón, las fuerzas, el todo a ella. Amigo y amiga, ¿escuchas la Palabra de Dios en tu diario vivir?, ¿te sientes totalmente consumido para la Palabra Viva de Dios? Toma unos momentos para compartir tus pensamientos con los demás.

Oración: Después de la meditación pasamos al momento de la oración. ¿Qué le vas a decir al Señor como respuesta a su Palabra? Ofrécele este momento. En silencio pídele que haga más dócil tu corazón y mente para poder abrazar ese don infinito de su Palabra Viva, Jesucristo, Hijo de Dios, Salvador.

Contemplación: ¿Qué conversión de la mente, del corazón y de tu vida te pide el Señor? ¡Amigo y amiga, dale tu mente, tu corazón y tu vida al Señor! Solo Él sabe lo que hay en tu corazón, ¡no tengas miedo!

Acción: En este último paso de la *lectio* la pregunta fundamental es, ¿qué acciones vas a emprender hoy para poner en práctica este mensaje? Que el Señor te conceda su gracia para encarnar su mensaje y transmitirlo a los demás.

Día 1: 3:6-13: Buenas noticias de Tesalónica

El regreso de Timoteo con buenas noticias de Tesalónica fue motivo de gran alegría para Pablo. Pablo da gracias a Dios porque la fe de los tesalonicenses es firme y su ansiedad baja de tono. Es más, tal mensaje es una especie de "evangelización" para el mismo Apóstol; el apóstol revive con esas buenas noticias. ¡Pablo es evangelizado! La fe de los tesalonicenses le da gran consuelo y gozo porque han permanecido fieles al mensaje que él les anunció. Por último, Pablo reafirma su intención de visitarlos muy pronto y pide que el Señor los haga crecer en el amor mutuo y universal, el mismo amor que Pablo siente por todos ellos. Las palabras de Pablo abren el gran horizonte de la esperanza cristiana: presentarse santos y puros ante Dios, cuando venga el Señor Jesucristo con todos sus santos.

Lectio divina

Siguiendo los pasos de la *lectio*, dedica entre 8 y 10 minutos en silencio a meditar, orar y contemplar el siguiente pasaje:

> Y a ustedes, el Señor les conceda crecer cada vez más en el amor mutuo y universal, como el que nosotros tenemos por ustedes; y fortalezca sus corazones para que puedan presentarse santos e inmaculados ante Dios nuestro Padre, cuando venga nuestro Señor Jesús con todos sus santos [Amén.] (1 Tes 3:12-13).

Amigo y amiga, ¿qué acciones vas a emprender hoy para poner en práctica este mensaje?

Día 2: 4:1-12: Vida cristiana

Pablo exhorta a los tesalonicenses a vivir su fe de manera que les ayude a crecer en santidad. Lo interesante es que esta exhortación no es porque estén viviendo en pecado, sino para animarlos a perseverar en su esfuerzo por crecer espiritualmente. Pablo se dirige a ellos en el nombre del Señor Jesús, con la autoridad misma de Jesús, ya que Él es quien lo envió a

Tesalónica. Debido a la autoridad recibida directamente de Jesús, Pablo puede pedirles que vivan todo lo que él les enseñó.

Pablo afirma que la santificación de los tesalonicenses es la voluntad de Dios. Esta voluntad de Dios es la razón principal por la que los tesalonicenses deben evitar cualquier inmoralidad. El mundo pagano del tiempo de Pablo era conocido por las depravaciones sexuales y Pablo les pide que tengan cuidado de cometer cualquier acto sexual ilícito. Pablo habla a una sociedad donde los varones controlaban todo lo que tenía que ver con el matrimonio. Les pide a los hombres escoger a una mujer por esposa en santidad y honor, esto significaba que ellos no debían imitar a los paganos, que escogían a sus esposas de entre sus propios parientes para poder quedarse con las posesiones de la familia. Pide a los hombres que controlen sus pasiones y eviten la lujuria. Por último, también les pide que no vivan como los paganos, que no tienen respeto a Dios en sus vidas y se dejan llevar por sus pasiones.

Les dice que, con respecto al amor fraterno, no hace falta escribirles, ya que ellos han aprendido de Dios a amarse mutuamente. Los tesalonicenses han recibido este don del amor de Dios y lo muestran a todos los habitantes de Macedonia. Pablo los exhorta a seguir viviendo las virtudes de la fe, la esperanza y la caridad para de esa manera llevar una vida digna. Lo último que Pablo les pide es que pongan empeño en mantener la calma y atender a todas sus necesidades, trabajando con sus manos. Es muy probable que Pablo exhortara a algunos miembros de la comunidad con estas palabras porque ya habían dejado de trabajar, esperando la segunda venida del Cristo.

Lectio divina

Siguiendo los pasos de la *lectio*, dedica entre 8 y 10 minutos en silencio a meditar, orar y contemplar el siguiente pasaje:

Esta es la voluntad de Dios: que sean santos. Que se abstengan de las inmoralidades sexuales; que cada uno sepa usar de su cuerpo con respeto sagrado (1 Tes 4:3–4).

Amigo y amiga, ¿qué acciones vas a emprender hoy para poner en práctica este mensaje?

Día 3: 4:13–18: La venida del Señor

El tema de la segunda venida de Jesucristo es tal vez la parte más importante de esta carta. Es aquí donde Pablo responde a la duda más grande de los tesalonicenses. El marco de la pregunta sobre la venida de Cristo se debe a la misma promesa del Evangelio que Pablo ha predicado, la Buena Nueva de la vida eterna. Al parecer, el entusiasmo de Pablo daba alas a su esperanza y se veía a sí mismo vivo aún, participando en el triunfo definitivo de Cristo. Los tesalonicenses, al igual que otras comunidades, se habían contagiado del gran entusiasmo que transmitían la predicación y la enseñanza del Apóstol. Esto nos muestra el gran carisma que, por gracia de Dios, Pablo poseía: sus palabras eran palabras de vida eterna. Lo que comunicaba no era su mensaje, sino el mensaje confiado a él por el Señor Jesucristo; su amor por Cristo Jesús lo consumía totalmente.

Dada la cercanía de la muerte, la resurrección y la ascensión de Jesús con la predicación de Pablo –unos veinte años–, los cristianos vivían expectantes aguardando el "día del Señor" de un momento a otro. La gran pregunta era: ¿qué será de los cristianos que han muerto antes de la venida del Señor? Varios de los tesalonicenses quizás lamentaban, injustificadamente, la ausencia de los que habían muerto en ese "día" de la gran fiesta de los cristianos: la gloriosa segunda venida del Señor Jesucristo. Pablo responde, primero que nada, con el mensaje de la esperanza cristiana. Les dice que no quiere que estén tristes como los demás que no tienen esperanza. Después hace una profesión de fe: "si creemos que Jesús murió y que resucitó, de la misma manera Dios llevará consigo a quienes murieron en Jesús" (1 Tes 4:14). De esta manera, tanto los vivos como los resucitados serán llevados al cielo sobre las nubes al encuentro con el Señor.

Pablo utiliza una especie de lenguaje apocalíptico, cuando describe cómo sucederá este glorioso momento. Los datos que toma son parte del repertorio de la literatura apocalíptica: un ángel y la trompeta (Mt 24:31; Is 27:13), el descenso del cielo y el arrebato en nubes (Dn 7:13). El objeto de la vida cristiana es vivir siempre con Dios. Esta es la esperanza a la que el Antiguo Testamento ya apuntaba cuando el salmista dice: "me hartarás de gozo en tu presencia, de dicha perpetua a tu derecha" (Sal 16:11). La gran esperanza del pueblo de Israel se ha manifestado en Jesucristo y esta esperanza es la que mantiene a la comunidad cristiana en su peregrinación terrena.

Tan grande es el deseo del ser humano de ver el rostro de Dios, que el salmista también aclama: "Escucha, Yahvé, el clamor de mi voz, ¡ten piedad de mí, respóndeme! Digo para mis adentros: 'Busca su rostro'. Sí, Yahvé, tu rostro busco: no me ocultes tu rostro" (Sal 27:7-9). Esto es lo que Pablo ansiaba de manera especial antes de su encuentro con el Señor Jesucristo en su camino a Damasco. A decir verdad, Pablo nunca describe la visión que tuvo de Jesús en ese momento y qué tipo de visiones tuvo eventualmente. Por otra parte, el Evangelio de Juan, que se escribe varias décadas después de la muerte de Pablo, nos dice "A Dios nadie le ha visto jamás: el Hijo unigénito, que está en el seno del Padre, él lo ha contado" (Jn 1:18). Este es el corazón de la esperanza cristiana, Jesucristo es el rostro de Dios y por medio de Él ya tenemos acceso a Dios Padre eterno. Pablo, muy probablemente vio el rostro glorificado del Señor Jesús, la contemplación de su rostro y el mensaje que le encomienda es parte del gran misterio de la revelación salvadora de Dios. Después de haber sido testigo de este gran don, era de esperarse que Pablo, al comunicar este mensaje, contagiara con esta gran esperanza de la resurrección a los demás.

Lectio divina

Siguiendo los pasos de la *lectio*, dedica entre 8 y 10 minutos en silencio a meditar, orar y contemplar el siguiente pasaje:

No quiero que sigan en la ignorancia acerca de los difuntos, para que no estén tristes como los demás que no tienen esperanza. Porque si creemos que Jesús murió y resucitó, de la misma manera Dios, llevará con Jesús, a los que murieron con él (1 Tes 4:13–14).

Amigo y amiga, ¿qué acciones vas a emprender hoy para poner en práctica este mensaje?

Día 4: 5:1-11: Cristianos a la espera

Pablo no ofrece ningún tipo de fechas o tiempos concretos con respecto a la segunda venida del Señor. Solo les dice que estén preparados, ya que el "día" del Señor llegará como ladrón nocturno. Esta respuesta es la misma que da Jesús (Mt 24:43-44 y Lc 12:39-40) donde dice que ese "día" vendrá cuando menos lo esperen. Según Pablo, cuando aparentemente haya paz y tranquilidad es cuando de repente vendrá la destrucción y nadie podrá escapar. Pablo compara estos momentos con los dolores de parto de una madre, un inmenso dolor para dar nueva vida. Los dolores de parto vienen cuando la mujer menos lo espera.

Pablo dice a los tesalonicenses que son hijos de la luz y no de la oscuridad, por esta razón no los sorprenderá ese día como un ladrón. Los tesalonicenses ya son ciudadanos de la luz y del día; las tinieblas no tienen poder sobre ellos. Por eso los exhorta a no dormir como los demás, sino a permanecer despiertos y sobrios. De esta manera, el Apóstol traza una gran distinción entre los creyentes y los paganos. Los paganos confían en sus fuerzas, en su sentido de paz y tranquilidad, construidos con sus propias manos; Dios no entra en sus planes. Los paganos que viven en las tinieblas están inmersos en tinieblas espirituales, están dormidos a la presencia de Dios y llenan sus vidas con los placeres del mundo. Los creyentes, los que han aceptado el mensaje de salvación, ya no pueden vivir como los demás ya que son hijos e hijas consagradas en la verdad. Ellos pueden ver la realidad del plan salvador de Dios, los ha llamado para compartir la vida eterna con Jesucristo.

Pablo utiliza los instrumentos del soldado que se prepara para la batalla para explicar a los tesalonicenses, que viven en la luz, que se revistan con la coraza de la fe y el amor, y el casco de la esperanza de la salvación. Los cristianos deben crecer y revestirse con las virtudes teologales: fe, esperanza y amor. Esta es la única manera en que van a triunfar en la batalla. Hay que permanecer alertas y vigilantes. Dios los ha destinado para poseer la salvación por medio de Jesucristo que murió y resucitó por nosotros. Este es el gran motivo de la esperanza de los cristianos. Hay que animarse y fortalecerse mutuamente.

Lectio divina

Siguiendo los pasos de la *lectio*, dedica entre 8 y 10 minutos en silencio a meditar, orar y contemplar el siguiente pasaje:

A ustedes, hermanos, como no viven en tinieblas, no los sorprenderá ese día como un ladrón. Todos ustedes son ciudadanos de la luz y del día; no pertenecemos a la noche ni a las tinieblas (1 Tes 5:4-5).

Amigo y amiga, ¿qué acciones vas a emprender hoy para poner en práctica este mensaje?

Día 5: 5:12-28: Consejos y saludos finales

Pablo ha puesto a algunas personas a cargo de la comunidad en Tesalónica, esto es, les ha dado la autoridad para gobernar. Pablo les pide que sean conscientes de que esa autoridad se les ha dado en el nombre del Señor Jesús. Aquellos que están en algún puesto de liderazgo tienen la obligación de exhortar a la comunidad a vivir una vida digna de Dios y a escuchar su Palabra. Les pide tratar a sus líderes con respeto y amor por la labor que llevan a cabo.

Pablo pide a los tesalonicenses que vivan en paz y armonía, y que reprendan a los que no quieren trabajar; a los desanimados, que los animen; a los débiles, que los socorran; y que sean pacientes con todos. Estos consejos son útiles en todo momento y lugar, ya que dentro de las comunidades cristianas siempre habrá miembros que no cooperen con los intereses de Dios; otros empiezan a perder la esperanza o caen en vicios y otros graves actos inmorales. A aquellos que ayudan a estos miembros de la comunidad, se les recuerda que deben ser siempre pacientes y comprensivos, esto es, actuar como verdaderos pastores. Deben ser conscientes de que nadie es tan fuerte como para no caer y desviarse del camino del Señor. Todos somos débiles.

Pablo les advierte que no deben pagar un mal con otro mal y que deben buscar siempre estar en paz entre ellos mismos y con todo el mundo, es decir, los no creyentes. Les pide que siempre estén alegres. En la visión de Pablo, un cristiano nunca puede estar triste; es incompatible estar triste y ser seguidor de Cristo. No se puede estar triste porque somos una nueva creación, redimidos por Dios en el Señor Jesús con un destino ya preparado para nosotros. El cristiano siempre debe estar en fiesta. También les pide que oren sin cesar, que estén en constante comunicación interior con Dios. Que estén siempre alegres y que oren sin cesar, pues es la voluntad de Dios para todo cristiano.

Pablo les advierte que no deben apagar el fuego del Espíritu, que no desprecien el don de profecía y que examinen todo para de esta manera quedarse solo con lo bueno y evitar lo malo. Pablo, con estas palabras, les pide que se dejen guiar por el fuego vivificador del Espíritu Santo. Solo de esta manera serán capaces de discernir lo que Dios quiere para ellos, ser felices y estar en contacto íntimo con Él, como hacen los amigos que siempre están contentos y en comunicación constante.

Lectio divina

Siguiendo los pasos de la *lectio*, dedica entre 8 y 10 minutos en silencio a meditar, orar y contemplar el siguiente pasaje:

El Dios de la paz los santifique completamente; los conserve íntegros en espíritu, alma y cuerpo, e irreprochables para cuando venga nuestro Señor Jesucristo (1 Tes 5:23).

Amigo y amiga, ¿qué acciones vas a emprender hoy para poner en práctica este mensaje?

Preguntas de reflexión

1. Pablo afirma que la voluntad de Dios es que seamos santos. ¿Qué haces diariamente para crecer en santidad?
2. Pablo afirma que la segunda venida de Jesucristo vendrá como un ladrón en la noche, cuando menos se le espera. ¿Piensas frecuentemente sobre la segunda venida de Jesucristo? ¿Vives esperando día tras día ese glorioso día? Si no lo haces, ¿por qué?
3. Pablo pide a los tesalonicenses que respeten a las autoridades eclesiales. ¿Ves esto reflejado en tu comunidad de fe? ¿Respetan los feligreses a sus sacerdotes? ¿Qué puede hacer la Iglesia para que los sacerdotes y obispos sean respetados?

Segunda Carta a los Tesalonicenses y Carta a Filemón: el sentido cristiano de la persecución

2 TESALONICENSES (1-3)

"Cuando estábamos con ustedes, les dimos esta regla: el que no quiera trabajar que no coma" (2 Tes 3:10).

Oración inicial (ver página 17)

Contexto

Parte 1. 2 Tesalonicenses 1:1–3:18: El autor de esta segunda carta a los Tesalonicenses utilizó el mismo formato y estilo de la primera. El autor de la carta menciona los nombres de Pablo, Silvano y Timoteo como los remitentes. Siguiendo el estilo y lenguaje característico de Pablo, esta carta fue ampliamente aceptada por muchos, desde el siglo primero, como escrita por él. En el mundo antiguo, algunos autores daban la autoría de su escrito a quien los había instruido, mostrando de esa manera que eran fieles a sus enseñanzas.

Hay dos razones principales por las cuales algunos biblistas piensan que esta carta no fue escrita por el mismo Pablo, sino por alguno de sus discípulos. La primera razón es el tono impersonal. En la primera Carta a los Tesalonicenses, Pablo se dirige a los destinatarios como alguien que los conoce muy bien, como parte de la familia. Les expresa su preocupación y amor. La segunda carta no presenta esta dinámica. Otra razón es la forma en que habla de la segunda venida del Señor. En la primera carta, Pablo les dice que no sabe cómo va a ser ese día, solo les dice que estén preparados. La segunda carta dice que habrá ciertos signos antes del fin del mundo.

El autor da gracias por la perseverancia en la fe de la comunidad de Tesalónica en medio de las persecuciones. El sentido cristiano de la persecución está en el juicio escatológico, es decir, en el juicio final. Esto significa que los perseguidores y perseguidos recibirán una retribución final diferente cuando todos compadezcan ante el tribunal de Dios. Este juicio final se presentará en el "día" del Señor. También les habla de los signos que acompañarán la segunda venida del Señor y les pide que no se dejen engañar sobre esto por falsos maestros. Les pide que estén unidos en la oración mutua como hermanos amados del Señor y les pide que oren por ellos para que la Palabra de Dios se siga difundiendo.

Parte 2. 2 Tesalonicenses 3:6–18 y Filemón 1-25: En la última parte de la Segunda Carta a los Tesalonicenses, Pablo les pide que tengan cuidado con la ociosidad; deben seguir trabajando de la misma manera que ellos lo hicieron. Se despide de ellos con un saludo de paz. La Carta a Filemón, por su parte, se considera escrita por el mismo Pablo. Algunos biblistas la consideran una pequeña joya de Pablo. En ella Pablo no intenta resolver la cuestión sobre la esclavitud por la vía jurídica. Sin embargo, traslada este problema y su resolución al gran principio del amor cristiano y de la fraternidad. Esto en la visión de Pablo es más fuerte que la relación que pueda existir entre el amo y su esclavo. Si Filemón ha perdido un esclavo, entonces puede ahora ganar a un hermano.

ESTUDIO EN GRUPO (2 TES 1:1–3:5)

Leer el texto en voz alta.

1:1–4: Saludo y acción de gracias

El autor de esta carta se dirige a una comunidad que está pasando por momentos difíciles. Se presenta ante los tesalonicenses en "Dios nuestro

Padre" a diferencia de la primera carta donde Pablo se presenta en "Dios Padre" (1 Tes 1:1). También el autor dice que es justo dar gracias a Dios por ellos, ya que su fe ha ido creciendo y el amor que cada uno de ellos tiene por los demás es cada vez más grande. Los tesalonicenses han crecido en dos de las virtudes teologales: la fe y el amor. Aún más, el autor manifiesta que está muy orgulloso de ellos frente a las demás Iglesias por la constancia y la fe con que han soportado las persecuciones y las aflicciones. Tenemos en este saludo y acción de gracias a un autor que se siente orgulloso de lo que han hecho los tesalonicenses.

1:5-12: Sentido cristiano de la persecución

Después de dar gracias por la gran perseverancia de los tesalonicenses, el autor presenta su visión teológica sobre el juicio divino. Dice que los sufrimientos del presente los harán dignos del Reino de Dios. La recompensa no vendrá en ese momento, sino al final de los tiempos, cuando el Reino de Dios llegue a su plenitud final. En ese "día", el juicio de Dios castigará a todos aquellos que los han perseguido. El autor afirma que es justo que Dios pague con sufrimientos a los que los hacen sufrir. También indica que, cuando el Señor Jesús venga desde el cielo, los cristianos que sufren tendrán descanso. El Señor Jesús vendrá con los ángeles de su dominio y con un fuego ardiente para castigar a los que no conocen a Dios ni obedecen la Buena Nueva.

El autor describe lo que le espera a aquellos que persiguen a los discípulos del Señor. Sufrirán una condena perpetua y estarán lejos de la presencia del Señor. Por otra parte, a los consagrados –los ungidos, los creyentes– Dios les manifestará su gloria y sus maravillas. Lo que el autor nos presenta aquí es su visión del juicio escatológico expresada con lenguaje apocalíptico hiperbólico, esto es, una exageración literaria. Dicho lenguaje está lleno de símbolos e imágenes con majestuosas destrucciones cósmicas. Es importante prestar mucha atención al contraste tan grande que hace entre la condenación final, dura y sin remedio, de los malvados y el rescate definitivo de los creyentes, aquellos que han permanecido fieles a Dios. Este lenguaje no se puede tomar al pie de la letra, es decir, de manera fundamentalista. El mensaje central es la esperanza a la que se pueden acoger los perseguidos y pisoteados por la injusticia y la opresión. Es importante animarlos en su compromiso como cristianos y confortarlos en la tribulación, pues Dios es justo y está con ellos.

2:1–12: La parusía o segunda venida del Señor

Al igual que en la primera carta, el tema central de esta es la segunda venida del Señor. La pregunta a la cual responde el autor es, ¿cuándo tendrá lugar la segunda venida de Jesucristo? En la actualidad, esta pregunta no parece preocupar mucho a los cristianos. Aunque de vez en cuando, sobre todo en tiempos de crisis y guerras, muchos cristianos ven en estos eventos los signos del fin del mundo. Sin embargo, en el tiempo de Pablo era un tema de vital importancia entre las primeras comunidades de cristianos, dada la cercanía con el momento en que Jesús vivió en la tierra. En medio de las persecuciones resulta comprensible que las pequeñas comunidades no vieran otra salida o no tuvieran otro consuelo que la segunda venida del Señor, con gran poder para derrotar definitivamente a los poderes del mal.

El autor, consciente de la inquietud que estaban sembrando los falsos maestros, pide a los tesalonicense que no se asusten por profecías, discursos o cartas falsamente atribuidas a ellos sobre la inminente venida del Señor. Los invita a no dejarse engañar y después enumera una serie de acontecimientos que deben suceder antes de la gloriosa venida del Señor. Primero tiene que suceder la apostasía, después se tiene que manifestar el hombre sin ley. Este hombre se levanta contra todo lo que lleva el nombre de Dios o es objeto de culto; este mismo ser se llegará a instalar en el santuario de Dios y se proclamará dios. El autor utiliza este lenguaje apocalíptico para referirse al sistema político de ese momento o al emperador

El Impío, que será destruido por el Señor Jesús con el aliento de su boca y al que anulará con la manifestación de su venida gloriosa, se presentará por acción de Satanás con toda clase de milagros, señales y falsos prodigios. Aunque este ser está retenido, la fuerza oculta de su iniquidad ya está actuando. Este seductor, que no es Satanás, hará toda clase de engaños perversos en los que caerán los que irán a la perdición, porque no aceptaron la verdad para salvarse. Todos ellos serán destruidos y aniquilados por el Señor Jesús con el aliento de su boca, de su Palabra de vida eterna. Ellos son los que, en vez de creer en la verdad, se adhirieron al error y serán juzgados.

2:13–3:5: Oraciones mutuas

El autor, después de haber explicado los signos que precederán a la gloriosa segunda venida del Señor, da gracias a Dios por los tesalonicenses. Ellos son a los que Dios eligió para que fueran los primeros en alcanzar la salvación. Fueron consagrados en el Espíritu y la fe verdadera. Por medio de la predicación de la Buena Nueva, los llamó a poseer la gloria del Señor Jesucristo. Les pide que sigan firmes y que conserven siempre la enseñanza recibida, esto es, las tradiciones que aprendieron de él, tanto de palabra como por escrito. Por último, los vuelve a animar en el nombre de Jesucristo y recordándoles que Dios los ha amado y favorecido con consuelo eterno y una esperanza magnífica. Que esta esperanza anime sus corazones y los fortalezca para que sus palabras y acciones sean buenas.

Preguntas de reflexión

1. ¿Qué piensas de la forma en que el autor describe el sentido cristiano de la persecución?
2. ¿Qué imagen de Dios presenta el autor en esta carta?
3. El autor de esta carta nos da algunos detalles de la segunda venida del Señor, ¿qué momentos de la historia de la humanidad han parecido señalar la inminente venida del Señor? ¿Por qué?
4. El autor pide a los tesalonicenses que conserven fielmente las enseñanzas recibidas, tanto de palabra como por escrito. ¿Qué tipo de enseñanzas de la fe cristiana, aprendidas de palaba o por escrito, has guardado fielmente? Piensa en las tradiciones que has aprendido y compártelas con los demás.

Oración final (ver página 17)

La oración final se dice antes o después del ejercicio de *lectio divina*.

Lectio divina (ver página 9)

Relaja tu cuerpo y mantén una postura de oración (sentado, ojos cerrados, ambos pies en el piso). Este ejercicio puede tomar el tiempo que sea necesario. En el contexto de este estudio de Biblia, de 10 a 20 minutos son suficientes. El propósito de la *lectio divina* es ayudarte a entrar en la dinámica de la lectura orante mediante la meditación, la oración y la contemplación de la Palabra de Dios; que puedas entablar un diálogo con Dios en lo más íntimo de tu corazón. Ve la página 9 para más instrucciones.

Saludo y acción de gracias (1:1–4)

Lectura: Amigo y amiga, el autor da gracias a Dios por los tesalonicenses y afirma que es justo que lo haga ya que su fe ha crecido y el amor por el prójimo es cada vez mayor. El autor está muy orgulloso por su constancia y por la fe con la que soportan las persecuciones y aflicciones.

Meditación: ¿Qué te dice el texto bíblico en este día? Deja que el Señor te examine por medio de su Palabra. No son palabras del pasado sino del presente. Estas son algunas preguntas para la meditación en grupo: ¿das gracias a Dios constantemente por la fe y el amor de los miembros de tu comunidad o de tu familia?; ¿qué tipo de acciones puede hacer la parroquia para dar gracias públicamente a los grupos por su constancia y perseverancia en la fe?; ¿de qué maneras tu fe te ha ayudado a mantenerte fiel en medio de las tribulaciones por las que has pasado? Comparte tu meditación con los demás.

Oración: Después de la meditación pasamos a la etapa de la oración. ¿Qué le vas a decir al Señor como respuesta a su Palabra? Ofrécele este momento. En silencio cierra los ojos y extiende tus manos en señal de oración y dale gracias por el don de tu fe. Pídele la gracia de mantenerte firme en la fe, en medio de tribulaciones y persecuciones.

Contemplación: ¿Qué conversión de la mente, del corazón y de tu vida te pide el Señor? ¡Amigo y amiga, dale tu mente, tu corazón y tu vida al Señor! Solo Él sabe lo que hay en tu corazón, ¡no tengas miedo!

Acción: En este último paso de la *lectio*, la pregunta fundamental es ¿qué acciones vas a emprender hoy para poner en práctica este mensaje? Que el Señor te conceda su gracia para encarnar su mensaje y transmitirlo a los demás.

Sentido cristiano de la persecución (1:5–12)

Lectura: Amigo y amiga, el autor expresa que los fieles creyentes tienen que sufrir por la Buena Nueva para ser encontrados dignos del Reino de Dios. Afirma también que Dios, que es justo, pagará con sufrimientos a aquellos que hacen sufrir. A los que han sufrido, Dios les dará descanso eterno en su presencia. Los que han perseguido y no han reconocido a Dios sufrirán una pena perpetua, estarán lejos de la presencia del Señor y de su majestad.

Meditación: ¿Qué te dice el texto bíblico en este día? Deja que el Señor te examine por medio de su Palabra. No son palabras del pasado sino del presente. Sería importante en este momento hacerse la pregunta, ¿cuántas veces pienso en esta enseñanza de la Palabra de Dios? En esta meditación no vamos a entrar en debates teológicos o filosóficos, vamos más bien a fortalecer nuestra relación con el Señor. Muchas veces no pensamos que hemos hecho sufrir a otros por su fe. Sin embargo, a veces nuestros comentarios pueden aparecer como un ataque a la fe de las personas. Es importante meditar en esto: ¿cuántas veces he hecho sufrir a otros por mis comentarios? También es importante recordar que el cristiano sufre por el Reino de Dios. ¿Cuántas veces huyo del sufrimiento? ¿Cuántas veces digo lo políticamente correcto para no ser severamente criticado? ¿Cuántas veces prefiero agradar al mundo y no a Dios? Comparte tus reflexiones con los demás.

Oración: Después de la meditación pasamos a la etapa de la oración. ¿Qué le vas a decir al Señor como respuesta a su Palabra? Ofrécele este momento. Guarden un momento de silencio y después todos juntos oren:

Señor Jesucristo, Tú sufriste por mí,
dame el valor para no temer a las persecuciones,
dame la fuerza para dar lo mejor de mí mismo a los demás.
Te quiero seguir y a veces tengo miedo,
aumenta mi fe para profesar tu nombre públicamente,
aumenta mi esperanza para mirar siempre al final del camino,
aumenta mi amor para jamás traicionarte
ya que tú eres digno de todo mi amor. Amén.

Contemplación: ¿Qué conversión de la mente, del corazón y de tu vida te pide el Señor? ¡Amigo y amiga, dale tu mente, tu corazón y tu vida al Señor! Solo Él sabe lo que hay en tu corazón, ¡no tengas miedo!

Acción: En este último paso de la *lectio* la pregunta fundamental es ¿qué acciones vas a emprender hoy para poner en práctica este mensaje? Que el Señor te conceda su gracia para que puedas encarnar su mensaje y transmitirlo a los demás.

La parusía o segunda venida del Señor (2:1–12)

Lectura: Amigo y amiga, el autor de la carta nos invita a no perder fácilmente la cabeza ni a asustarnos por profecías sobre la segunda venida del Señor o sobre la forma en que nos uniremos a Él en el futuro. Tampoco debemos dejarnos impresionar por discursos o escritos pseudo-cristianos que hablan sobre estos temas.

Meditación: ¿Qué te dice el texto bíblico en este día? Deja que el Señor te examine por medio de su Palabra. No son palabras del pasado sino del presente. Una gran tentación para los cristianos es prestar atención a tantos charlatanes de televisión, radio o internet que hablan del inminente fin del mundo. Dicen que las crisis económicas y políticas de la actualidad son claras señales del fin de los tiempos y que estamos a punto de entrar en una gran guerra nuclear que destruirá al planeta. Amigo y amiga, ¿eres tú uno de los que escuchan y se dejan impresionar por estas personas? Si no lo eres, ¿ayudas a aquellos que son presa de estos individuos? En esta meditación podrías pensar en tu relación personal con el Señor y hacerte la siguiente pregunta: ¿si el Señor viniese esta noche, estarías listo para darle la bienvenida?

Oración: Después de la meditación pasamos a la oración. ¿Qué le vas a decir al Señor como respuesta a su Palabra? Ofrécele un momento de silencio.

Contemplación: ¿Qué conversión de la mente, del corazón y de tu vida te pide el Señor?¡Amigo y amiga, dale tu mente, tu corazón y tu vida al Señor! Solo Él sabe lo que hay en tu corazón, ¡no tengas miedo!

Acción: En este último paso de la *lectio* la pregunta fundamental es ¿qué acciones vas a emprender hoy para poner en práctica este mensaje? Que el Señor te conceda su gracia para encarnar su mensaje y transmitirlo a los demás.

Oraciones mutuas (2:13–3:5)

Lectura: Amigo y amiga, el autor de esta carta pide a los tesalonicenses que sigan firmes y que conserven fielmente las tradiciones que aprendieron de Pablo y sus compañeros, tanto de palabra como por escrito. Los anima en el Señor Jesús y en Dios Padre a que fortalezcan sus corazones para que hagan y digan siempre aquello que es bueno.

Meditación: ¿Qué te dice el texto bíblico en este día? Deja que el Señor te examine por medio de su Palabra. No son palabras del pasado sino del presente. En esta meditación hagámonos las siguientes preguntas: ¿conservo todo lo que he aprendido sobre mi fe, tanto de palabra como por escrito?; ¿qué tradiciones de mi fe conservo y comparto con los demás? Comparte tus reflexiones con los demás.

Oración: Después de la meditación pasamos a la oración. ¿Qué le vas a decir al Señor como respuesta a su Palabra? Ofrécele un momento de silencio.

Contemplación: ¿Qué conversión de la mente, del corazón y de tu vida te pide el Señor? ¡Amigo y amiga, dale tu mente, tu corazón y tu vida al Señor! Solo Él sabe lo que hay en tu corazón, ¡no tengas miedo!

Acción: En este último paso de la *lectio* la pregunta fundamental es ¿qué acciones vas a emprender hoy para poner en práctica este mensaje? Que el Señor te conceda las gracias que necesitas para encarnar su mensaje y transmitirlo a los demás.

Día 1:3:6–18: Contra la ociosidad

Después de haber tratado la cuestión sobre la segunda venida, el autor de la carta responde a la problemática interna de la comunidad. Muchos pensaban que la segunda venida era inminente y por eso dejaban de atender a sus responsabilidades. Una consecuencia absurda y peligrosa era la ociosidad. Literalmente, muchos se cruzaban de brazos y dejaban de trabajar. El autor les dice abiertamente: "si alguno no quiere trabajar que tampoco coma" (2 Tes 3:10). Les habla de su propio ejemplo, cuando en medio de ellos y con la gran preocupación de anunciar el Evangelio, se costeó su propia manutención para no serles un peso. Su ejemplo de vida y de trabajo debe servirles de inspiración para saber cómo esperar la gloriosa venida del Señor Jesucristo. El autor explica cómo debe ser la conducta de un cristiano, es decir, alguien que espera ansiosamente la venida del Señor, pero que al mismo tiempo atiende a sus obligaciones terrenas. En otras palabras, debe tener los pies en la tierra y los ojos mirando al cielo.

Lectio divina

Siguiendo los pasos de la *lectio*, dedica entre 8 y 10 minutos en silencio a meditar, orar y contemplar el siguiente pasaje:

> Ahora nos hemos enterado de que algunos de ustedes viven sin trabajar, muy atareados en no hacer nada (2 Tes 3:11).

Amigo y amiga, ¿qué acciones vas a emprender hoy para poner en práctica este mensaje?

Día 2: Filemón 1-7: Saludo y acción de gracias

Pablo se presenta como prisionero de Cristo Jesús, junto con Timoteo, y dirige esta pequeña carta a su colaborador Filemón, a toda la Iglesia que se reúne en su casa y a Apia y Arquipo. Pablo parece conocer muy bien a sus destinatarios por la manera en que se dirige a ellos. Filemón es un colaborador suyo, y Apia y Arquipo están en la lucha por la proclamación del Evangelio. El Apóstol se considera un siervo prisionero por Cristo.

Pablo se dirige a Filemón con unas bellísimas palabras, "pues tengo noticia de tu caridad y de tu fe para con el Señor Jesús y para bien de todos los santos" (Flm 5). Filemón, como colaborador de Pablo, está entregado totalmente al Señor Jesús y de igual manera a todos los que han sido iniciados en la fe cristiana. Pablo pide a Dios que la fe de Filemón sea tan viva, que ilumine todos sus pensamientos y acciones. Su fe y su amor deben ser los fundamentos de todo lo que hace por Cristo. Pablo le agradece su gran caridad, la cual le proporcionó mucha alegría y consuelo.

Lectio divina

Siguiendo los pasos de la *lectio*, dedica entre 8 y 10 minutos en silencio a meditar, orar y contemplar el siguiente pasaje:

> Ojalá tu fe sea tan activa que te ilumine plenamente para reconocer todo el bien que está en tu poder hacer por Cristo (Flm 6).

Amigo y amiga, ¿qué acciones vas a emprender hoy para poner en práctica este mensaje?

Día 3: Filemón 8-25: Autoridad de Pablo y saludos finales

Este pasaje nos revela la autoridad y carisma pastoral de Pablo. Pablo se dirige a Filemón como un pastor que ama a sus ovejas y respeta la libertad de cada una de ellas. Le dice que tiene toda la libertad cristiana para ordenarle lo que es debido, pero prefiere suplicarle en nombre del amor. El amor cristiano es la máxima autoridad y es mediante esta autoridad que todas las decisiones deben hacerse. Pablo, anciano y prisionero por Cristo, engendró espiritualmente a Onésimo en la prisión. Ahora lo envía de regreso a Filemón, como hijo suyo y con él su corazón. Pablo hubiese querido ejercer su paternidad espiritual sobre Filemón; pero renuncia a ese derecho y devuelve a este fugitivo a su dueño legal. Sin embargo, Onésimo ya es una nueva persona, ya no es el mismo de antes.

Onésimo antes de su conversión era un esclavo, ahora es también un hermano en Cristo. Ahora él es útil y provechoso para todos. El esclavo, al convertirse en cristiano, adquiere una nueva dignidad. La conversión a Cristo, cuyo símbolo sensible está en el bautismo, lo convierte en un don para los demás. Pablo no busca la abolición de la esclavitud desde una perspectiva social o política, más bien, introduce en las relaciones esclavo–amo un nuevo elemento, capaz de elevarlas y transformarlas. Es un sistema arraigado en el amor. Los cristianos no son propiedad de ninguna persona humana, son hermanos y hermanas en Cristo. Pablo dice a Filemón, "si me tienes como algo unido a ti, acógelo como a mí mismo" (Flm 17).

Pablo expresa su confianza en que Filemón, hombre de gran fe y amor, sabrá hacer lo correcto. Si Pablo no ejerce su derecho como padre espiritual de Filemón, él sabrá qué es lo que debe hacer conociendo el corazón de Pablo. Por último, se despide esperando visitarlos pronto.

Lectio divina

Siguiendo los pasos de la *lectio*, dedica entre 8 y 10 minutos en silencio a meditar, orar y contemplar el siguiente pasaje:

Quizás se alejó de ti por breve tiempo para que puedas recobrarlo definitivamente; y no ya como esclavo, sino como algo mucho mejor que esclavo: como hermano muy querido para mí y más aún para ti, como hombre y como cristiano (Flm 15-16).

Amigo y amiga, ¿qué acciones vas a emprender hoy para poner en práctica este mensaje?

Preguntas de reflexión

1. Pablo hace un severo llamado a los tesalonicenses que se han entregado a la ociosidad y no trabajan. ¿Qué piensas de esta exhortación de Pablo? ¿Conoces a personas que vivan de esa manera? Comparte tus ideas con los demás.

2. ¿La fe y el amor guían tus acciones como cristiano? ¿Cuál es tu actitud hacia aquellos cuyas acciones no reflejan ni la fe ni el amor cristiano? Comparte tus reflexiones con los demás.

3. El bautismo nos ha consagrado al Señor Jesús y nos hace a todos hermanos y hermanas. En nuestro tiempo, por lo menos en occidente, la esclavitud no existe. Sin embargo, hay que tener mucho cuidado para no esclavizar a otros espiritualmente, o sea, sentirse con derechos sobre otros. ¿Has caído en esta situación? ¿Has controlado las acciones de otros mediante tu conocimiento de la fe o los has dejado que tomen sus propias decisiones? Comparte tus reflexiones con los demás.

Carta a los Colosenses

COLOSENSES 1–4

"Él es imagen del Dios invisible, primogénito de toda la creación, pues por él fue creado todo, en el cielo y en la tierra: lo visible y lo invisible, majestades, señoríos, autoridades y potestades" (Col 1:15–16).

Oración inicial (ver página 17)

Contexto

Parte 1. Col 1:1–2:19: El autor de esta carta se identifica como apóstol y da gracias a Dios por la fe de los colosenses. Pide a Dios que continúen siendo fieles y vivan de una manera digna de Cristo. Nos presenta un antiguo himno cristológico que identifica a Cristo como la imagen del Dios invisible que existió desde antes de la creación del mundo. Cristo es la cabeza del cuerpo, la Iglesia, quien nos reconcilia y da la paz a todos. El autor se ve a sí mismo completando en su cuerpo lo que falta a los sufrimientos de Cristo. También afirma que, para ese momento, Cristo ya ha sido proclamado a los gentiles. Por último, advierte a los colosenses que tengan mucho cuidado con los falsos maestros y los anima a que caminen con Cristo. Les dice que fueron sepultados con Él en el bautismo y que resucitaron con él por el poder de Dios. Como seguidores de Cristo, no deben permitir que nadie los desvíe del camino, inquietándolos con cuestiones sobre los alimentos o incitándolos a dar un culto contrario a lo que el Apóstol les enseñó.

Parte 2. Colosenses 2:20–4:18: Debido a que han resucitado con Cristo, están llamados a buscar los bienes del cielo. Deben evitar lo que es inmoral y terreno. Todo lo que hagan, deben hacerlo en el Señor Jesús. Ahora que son elegidos, consagrados y amados por Dios, deben revestirse con el amor de Cristo; vivir en la paz de Cristo. Las esposas y los esposos se deben guardar fidelidad mutua y los hijos deben obedecer a los padres, y los padres respetar a los hijos. Por último, el autor los anima a perseverar en la oración y a dar gracias. Se despide de todos enviando saludos a los que comparten su ministerio.

ESTUDIO EN GRUPO (COL 1:1–2:19)

Leer el texto en voz alta.

1:1–8: Saludo y acción de gracias

La carta empieza con un saludo similar al de 2 Corintios 1:1. La diferencia está en que la Carta a los Colonsenses no nos dice nada sobre el autor. Si el autor estuviese familiarizado con los escritos de Pablo, es de suponer que seguiría las expresiones utilizadas por él al comienzo de sus cartas. También el autor comenzaría con el típico saludo de Pablo. Sin embargo, se presenta con toda la autoridad apostólica que le ha conferido Dios Padre. El autor quiere confirmar la fe en el Evangelio que recibieron por medio de Epafras, por lo tanto, el autor no los conoce personalmente.

Pablo se presenta, junto con Timoteo, como apóstol de Cristo Jesús por voluntad de Dios. Saluda a todos los "consagrados" de la Iglesia de Colosas; ellos son hermanos fieles a Cristo; gracia y paz de Dios "nuestro" Padre. Desde el siglo II de la era cristiana hasta mediados del siglo XIX, la mayoría de los biblistas aceptaban sin lugar a dudas que Pablo era el autor de esta carta. Sin embargo, recientemente muchos estudiosos han optado por la hipótesis de un autor desconocido, probablemente discípulo de Pablo. Varios biblistas continúan aceptando la autoría paulina de esta carta; en el fondo, esto sigue siendo tema de debate.

Los partidarios de que un discípulo de Pablo escribió la carta, afirman que el autor estaba muy familiarizado con el pensamiento del Apóstol. Este autor muy probablemente desarrolló gran parte de la teología de Pablo. A pesar de que las frases y temas que encontramos en Colosenses son muy similares a los de los escritos de Pablo, estos biblistas argumentan que el estilo de la carta difiere del estilo que encontramos en las cartas auténticas. Por otra parte, aquellos que son partidarios de que Pablo es el verdadero autor de la carta, aseguran ver muchas semejanzas entre esta carta y la Carta a Filemón. También argumentan que el uso de ciertas palabras que no se encuentran en las cartas auténticas se debe a que Pablo adaptó su vocabulario al auditorio. A final de cuentas, ambos grupos pueden argumentar a su favor por las evidencias que nos presentan, pero en realidad eso no es lo más importante. Lo que importa es el mensaje que nos transmite.

La carta se dirige a los "consagrados" de la Iglesia en Colosas. En los tiempos de Pablo los cristianos con frecuencia se llamaban a sí mismos los "santos" o los "consagrados" para expresar su nueva realidad que había comenzado con el bautismo. Estos títulos también expresan que ellos tenían fe en el Evangelio de Cristo Jesús y que estaban llamados a vivir esa Buena Nueva. Por último, es interesante ver que Pablo no incluye al Señor Jesucristo en su saludo inicial, solo dice "Dios nuestro Padre".

La acción de gracias expresa la gran satisfacción que el Apóstol siente por esta comunidad. Los colosenses viven la fe de una manera muy dinámica, manifiestan un profundo amor a Cristo y se profesan un gran amor mutuo. ¿Por qué viven de esta manera? Por la esperanza que les está reservada en el cielo. Los colosenses han aceptado la totalidad del "mensaje verdadero" de la Buena Nueva. Son gente de gran esperanza que conoce de verdad la gracia de Dios, su amor por todos ellos. Esto es lo que aprendieron de Epafras, el querido compañero de Pablo y fiel servidor (esclavo) de Cristo que está al servicio de ellos. Es el Espíritu Santo el que los inspira a amar de la manera que aman a los demás.

1:9–14: Oración por los colosenses

Después del saludo y la acción de gracias, Pablo hace oración pidiendo por que los colosenses sigan progresando en su fe. Desde que se enteraron de su gran amor y entrega al mensaje verdadero de la Buena Nueva no han dejado de orar por ellos. Han orado para que Dios les dé conocimiento pleno de su voluntad, abundancia de sabiduría y sentido de las cosas espirituales.

Pablo pide conocimiento, sabiduría y discernimiento de espíritus para ellos, para que de esa manera puedan llevar una vida digna del Señor; una vida que dé fruto de buenas obras y crecimiento en el conocimiento de Dios mismo. Pide que Dios, con la fuerza de su gracia, los haga fuertes para que puedan soportar todo con fuerza y paciencia. Pide que tengan alegría para que puedan dar gracias a Dios Padre que los ha preparado para compartir la suerte de los "consagrados" en el reino de la luz. Dios mismo, por medio de su Hijo Jesucristo, es el que los ha arrancado del poder de las tinieblas para hacerlos entrar a su Reino. Por el Hijo han obtenido el rescate y el perdón de sus culpas.

En la mentalidad hebrea las tinieblas significan la muerte. Son lo opuesto a la luz que simboliza la vida. El Apóstol está hablando de cara a la trascendencia, se trata de una liberación eterna, para la vida en el más allá. Las palabras del Apóstol hablan de cómo los colosenses han entrado ya en el Reino de Dios. Han entrado porque Cristo mismo los ha redimido mediante el perdón de sus pecados.

1:15–23: Cristo, salvador y primogénito de toda la creación

Este himno litúrgico a Cristo es uno de los más bellos del Nuevo Testamento. Las comunidades cristianas de este tiempo lo conocían y mediante él Pablo presenta la grandiosidad de la persona de Cristo. Él es Creador y Salvador, centro y clave de todo el universo, y de la historia de la humanidad; Él es el que da sentido a todo lo que existe. La creación y la salvación son dos acontecimientos inseparables; Cristo es el principio y el fin de las cosas, es el verdadero protagonista del acto creador y redentor de Dios; es la verdadera imagen del Dios invisible. Este himno, junto con el de Filipenses 2:6–11, tiene un lugar central en nuestra comprensión teológica del misterio de Cristo.

El hecho de que Cristo sea imagen del Dios invisible, significa que podemos tener un mejor comprensión de la naturaleza del amor de Dios por medio de Cristo. Fuimos creados a imagen y semejanza de Dios; somos imagen del Dios vivo (Gn 1:27) y Cristo es la imagen visible del Dios vivo e invisible. Cristo, por tanto, es la clave para entender con toda profundidad de qué modo Dios eterno nos ha abrazado a todos en su acto creador y redentor. El Dios invisible se hizo carne por nosotros y de esta manera refleja, en su Hijo, nuestra realidad eterna. Todo fue creado por Él y para Él; Él es el primogénito de toda la creación. Existió antes que todo y esta sobre todas las cosas. Todo se mantiene por Él, con Él y en Él. Todo existe por Cristo y para Cristo. No hay poder en el universo que esté sobre Él, ya que en Él todas las cosas mantienen su existencia. Cristo da vida a todo lo que se mueve.

Cristo, afirma el Apóstol, es la cabeza del cuerpo, de la Iglesia. Anteriormente, Pablo había utilizado esta imagen del cuerpo para explicar cómo los miembros de la comunidad dependen los unos de otros. En esta carta le da un nuevo sentido. El Apóstol utiliza esta imagen para referirse a la Iglesia Universal, a todo el pueblo santo y consagrado al Señor. Estas palabras también apuntan a la realidad cósmica que es la Iglesia de Jesucristo. Si Cristo, que es imagen del Dios invisible, el primogénito de toda la creación y por medio de Él todo mantiene su existencia, entonces podemos concluir que la Iglesia es una realidad transcendental. Es a través de su Iglesia que Él anuncia y proclama al universo entero la salvación y la reconciliación. Ser parte del cuerpo de Cristo es pertenecer al todo de Dios. Esta es la realidad transformadora que comienza en el bautismo: nuestra reconciliación y salvación.

Por medio del bautismo podemos ser parte del Reino de Dios que rebasa todo tiempo y espacio. El formar parte del pueblo "consagrado" nos da la libertad plena, ya que ahora estamos unidos al primogénito de todo lo que existe. Cristo Jesús, nuestro hermano y amigo, nos muestra la grandeza para la cual hemos sido creados. Esto es posible porque Cristo es el principio y primogénito de los muertos; en todo es el primero. Los "consagrados" hemos sido ungidos en su nombre, hemos muerto y resucitado en él, y es por esta razón que ya participamos de la vida eterna.

Dios decidió que en Cristo residiera la plenitud. Por medio de Cristo, Dios quiso reconciliar consigo todo lo que existe; el universo entero. Restablece la paz, el bien y el orden por su sangre derramada en la cruz.

Cristo mismo, en toda su vida, se ofrece completamente hasta su muerte en cruz. Muere y resucita con un cuerpo glorioso. Su muerte y resurrección son actos creadores y salvadores, ya que por este misterio pascual el universo entero es re-creado y salvado en su nombre. El restablecimiento de la paz entre las criaturas de la tierra y del cielo se da gracias a la sangre derramada en la cruz. La sangre victoriosa de Jesucristo da vida y santifica todo. Es aquí, en este misterio, donde nace la vocación misionera de todos los bautizados. Este acontecimiento hace a la Iglesia el sacramento universal de salvación porque Cristo Jesús, Señor del universo, es la cabeza de su Iglesia. Cristo por medio de ella llama a todo hombre y mujer.

Después de la presentación de este himno cristológico, el Apóstol les recuerda a los colosenses que una vez fueron paganos y que pensaban y obraban mal porque estaban alejados de Dios. Eran extraños y enemigos de Dios. Ahora, por medio del cuerpo carnal de Cristo, entregado a la muerte, han sido reconciliados y pueden presentarse ante Él como santos, intachables e irreprochables. Este gran don requiere que se mantengan firmes y bien formados en la fe. No deben abandonar la esperanza que conocieron por la Buena Nueva. Este mensaje ha sido proclamado por el Apóstol mismo a toda criatura humana. Por último, Pablo les dice que ha sido constituido siervo (esclavo) de esta Buena Nueva.

1:24–2:5: Ministerio de Pablo

El Apóstol expresa el gozo que experimentan los cristianos que sufren por el Evangelio. Con gran gusto dice a los colosenses que se alegra por los sufrimientos que lleva en su cuerpo, tanto por ellos como por Cristo. Es más, les dice que va completando en su propio cuerpo lo que falta a los sufrimientos de Cristo para bien de su cuerpo que es la Iglesia. El Apóstol no está diciendo que la acción salvadora de Cristo haya sido insuficiente, lo que nos dice es que al contemplar su íntima comunión entre Cristo y él, él ve en su propio padecer la continuación del padecimiento salvador de Cristo Jesús, Salvador nuestro. Y esto se aplica a todos los cristianos, con nuestros sufrimientos nos unimos de una manera profunda al sufrimiento salvador de Cristo.

El Apóstol afirma que, por voluntad de Dios, fue nombrado siervo de la Iglesia al servicio de ellos. Como siervo escogido puede, mediante su predicación, dar cumplimiento al proyecto de Dios. ¿Cuál es este proyecto? Revelar a sus "consagrados" *el misterio* escondido por siglos y generaciones. Dios en su infinita misericordia quiso dar a conocer la espléndida riqueza que significa *ese secreto* para los paganos. ¿Quién es este misterio y secreto? Cristo, nuestra esperanza de gloria. El Apóstol afirma que ellos lo anunciaron aconsejando y enseñando a cada uno de ellos la *verdadera sabiduría* de Dios, Cristo. El fin de este anuncio es que todos alcancen su madurez en Cristo, misterio, secreto y sabiduría de Dios. Esto es lo que consume a Pablo y por eso, con todas sus fuerzas, trabaja y pelea para que todos conozcan el grandioso misterio de Dios, misterio que nos da por pura gracia. El poder de la Palabra de Dios es la eficacia y la energía que guía sus palabras y acciones; esa Palabra de Dios es Cristo mismo.

Por último, el Apóstol les dice que ha luchado arduamente por todos ellos, por los de Laodicea y por tantos otros que aún no ha visitado. Todo lo hace para que ellos se sientan animados y unidos en el amor. Lucha para que se colmen de las riquezas de conocimiento y de esta manera comprendan el secreto de Dios, Cristo. En Cristo se encierran todos los tesoros del saber y el conocimiento. Cristo es la eterna sabiduría de Dios y ahora los paganos tienen acceso al conocimiento de la naturaleza de Dios en Cristo Jesús, la Palabra eterna de Dios. El Apóstol les dice estas palabras para que no vayan a ser presa de los falsos maestros. Esto se los dice en espíritu ya que no está presente en cuerpo. En espíritu está con ellos y está muy contento de verlos formados y firmes en su fe en Cristo Jesús.

2:6–19: Vida cristiana

El Apóstol sabe que los colosenses viven en medio de un mundo con una gran variedad de creencias espirituales y está preocupado por las falsas filosofías que sostenían dar un conocimiento de los espíritus del universo. Les advierte que deben tener cuidado con esas falsas y seductoras enseñanzas que son producto del pensamiento humano y tienen como su fuente de enseñanza no a Cristo sino a los poderes cósmicos. El problema al cual se enfrentaban los cristianos de Colosas era algo semejante a lo que hoy llamamos "New Age" – Nueva Era. En ese entonces estaban de moda creencias esotéricas como la reencarnación, la meditación transcendental, las cartas astrales, el zodiaco, las prácticas adivinatorias y una gran mercadería religiosa. Era todo un mercado pseudo-religioso que competía por ofrecer las mejores ofertas de salvación al cliente; algo muy similar sigue sucediendo en la actualidad.

El Apóstol comparte un conocimiento de Jesucristo con los colosenses. Ya anteriormente había presentado un antiguo himno cristológico, de origen litúrgico, sobre Cristo como la "imagen del Dios invisible". Ahora, en esta ocasión, dice que en la humanidad de Cristo reside la plenitud de la divinidad; de Cristo ellos reciben la plenitud de su divinidad. Esta es una revolucionaria afirmación de la dignidad del cristiano. Cristo es la cabeza de todos los poderes espirituales del universo. Todos los consagrados han sido circuncidados con la circuncisión de Cristo y no con la de los hombres. ¿En qué consiste esta circuncisión? Consiste, afirma el Apóstol, en ser sepultados con Cristo en el bautismo y en resucitar con Él por la fe en el poder de Dios. Creemos y confiamos en Dios porque resucitó a Cristo de la muerte.

El Apóstol afirma que los colosenses estaban muertos por sus pecados y por la in-circuncisión carnal. Sin embargo, Cristo los hizo revivir con Él para de esa manera perdonarles sus pecados. La salvación de los gentiles se debe a la iniciativa de amor de Dios mismo, su salvación es un don. Cristo canceló el documento de nuestra deuda con sus cláusulas adversas (la ley). Este documento lo quita de en medio para clavarlo en la cruz con Él. Además, despoja del poder a todos los poderes cósmicos, los humilla y los hace marchar públicamente como prisioneros en su marcha triunfal. ¡Qué imagen tan impactante nos describe el Apóstol! Una imagen de Cristo como emperador y general victorioso. Cristo Jesús nos libera de nuestros pecados pagando nuestra deuda y además despoja a todos los poderes del universo de su poder. Cristo vence a todos los poderes cósmicos.

Por último, el Apóstol hace una severa crítica a los que los juzgan por cuestiones de comida, bebida y no por participar en un culto idolátrico. Los que los juzgaban muy probablemente participaban en prácticas de la mortificación del cuerpo y cultos esotéricos. El Apóstol afirma que lo verdadero es la persona de Cristo, lo demás son ideologías humanas. Les pide que no se dejen engañar y condenar por aquellos que se hacen pasar por muy humildes y que pretenden tener un conocimiento superior al de ellos (dan culto a los ángeles, dicen tener visiones, etc.). Estas personas, en vez de unirse a la cabeza (el cuerpo está unido a ella a través de articulaciones y ligamentos), prefieren su conocimiento humano. La gran tentación para los colosenses –y para todos nosotros– es dejarnos seducir por estas corrientes que aseguran tener un conocimiento secreto del universo.

Preguntas de reflexión

1. El Apóstol está orgulloso de la fe y del amor de los tesalonicenses, lo cual les da esperanza de estar pronto en el cielo. ¿De qué maneras vives ya esa esperanza de estar pronto en el cielo?
2. El Apóstol pide en sus oraciones conocimiento, sabiduría y discernimiento para los colosenses. ¿Consideras tener un adecuado conocimiento de la fe? Si no es así, ¿de qué maneras pides y buscas la sabiduría y el discernimiento en tu vida?
3. ¿Qué es lo que más te llamó la atención del gran himno cristológico?
4. ¿Qué crees que debe hacer la Iglesia para que las personas realmente vean a Cristo como lo que es, el Salvador y vencedor de todos los poderes cósmicos?
5. La circuncisión de Cristo consiste en ser sepultados con Él en el bautismo y en resucitar con Él por la fe en el poder de Dios. ¿Te dan estas palabras una nueva perspectiva del bautismo? ¿Por qué si o por qué no?

Oración final (ver página 17)

La oración final se dice antes o después del ejercicio de *lectio divina*.

Lectio divina (ver página 9)

Relaja tu cuerpo y mantén una postura de oración (sentado, ojos cerrados, ambos pies en el piso). Este ejercicio puede tomar el tiempo que sea necesario. En el contexto de este estudio de Biblia, de 10 a 20 minutos son suficientes. El propósito de la *lectio divina* es ayudarte a entrar en la dinámica de la lectura orante mediante la meditación, la oración y la contemplación de la Palabra de Dios; que puedas entablar un diálogo con Dios en lo más íntimo de tu corazón. Ve la página 9 para más instrucciones.

Saludo y acción de gracias (1:1–8)

Lectura: Amigo y amiga, el apóstol Pablo afirma que los colosenses alcanzaron la esperanza en Cristo cuando recibieron el mensaje de la Buena Nueva, es decir, el Evangelio. Esta gran Noticia está dando mucho fruto y ha ido creciendo en todo el mundo. De igual manera entre ellos, desde el día que oyeron hablar y conocieron de verdad la gracia de Dios.

Meditación: ¿Qué te dice el texto bíblico en este día? Deja que el Señor te examine por medio de su Palabra. No son palabras del pasado sino del presente. La esperanza nació cuando llegó la Palabra de vida a los tesalonicenses. Amigo y amiga, ¿podrías tú afirmar lo mismo sobre la Palabra en tu vida? El Apóstol nos habla de Cristo, la verdad y la gracia de Dios. Esta verdad y este amor de Dios se ha derramado sobre todos nosotros para darnos la esperanza de salvación. Comparte con los demás las maneras como la Palabra de vida ha tocado tu vida.

Oración: Después de la meditación pasamos al momento de la oración. ¿Qué le vas a decir al Señor como respuesta a su Palabra? Ofrécele este momento de silencio.

Contemplación: ¿Qué conversión de la mente, del corazón y de tu vida te pide el Señor? ¡Amigo y amiga, dale tu mente, tu corazón y tu vida al Señor! Solo Él sabe lo que hay en tu corazón, ¡no tengas miedo!

Acción: En este último paso de la *lectio* la pregunta fundamental es: ¿qué acciones vas a emprender hoy para poner en práctica este mensaje? Que el Señor te conceda las gracias que necesitas para encarnar su mensaje y transmitirlo a los demás.

Oración por los colosenses (1:9–14)

Lectura: Amigo y amiga, el apóstol Pablo, después de enterarse de que el Espíritu les inspira a los colosenses el amor, no deja de orar por ellos. Pide a Dios que les haga conocer plenamente su voluntad, con abundancia de sabiduría y comprendiendo en profundidad las cosas espirituales. Ora para que lleven una vida digna del Señor y así le puedan agradar en todo; de esta manera podrán dar frutos de buenas obras y crecer en el conocimiento del Dios. Pide que con alegría den gracias a Dios por hacerlos participes del reino de la luz.

Meditación: ¿Qué te dice el texto bíblico en este día? Deja que el Señor te examine por medio de su Palabra escrita; no son palabras del pasado sino del presente. Hay tres cosas que son necesarias para la vida del discípulo misionero del Señor Jesús: conocimiento de la voluntad de Dios, sabiduría y discernimiento espiritual. El conocimiento de la verdad revelada nos da la sabiduría que necesitamos para así poder discernir lo que es bueno, noble y justo ante Dios. ¡Cuántas veces vemos a tantos cristianos que viven su vida solo por vivir! Se pasan toda la vida sin saber cuál es la voluntad de Dios para ellos y se dejan seducir por tantas cosas que solo les causan mal. La voluntad de Dios es que lo conozcamos a Él para así darnos cuenta de su inmenso amor por nosotros. Comparte con los demás tus experiencias de tu búsqueda personal por conocer la voluntad de Dios.

Oración: Después de la meditación pasamos al momento de la oración. ¿Qué le vas a decir al Señor como respuesta a su Palabra? Ofrécele un momento de silencio. Deja que tu corazón y mente se abran completamente al Espíritu del Señor que está en medio de ustedes.

Contemplación: ¿Qué conversión de la mente, del corazón y de tu vida te pide el Señor? ¡Amigo y amiga, dale tu mente, tu corazón y tu vida al Señor! Solo Él sabe lo que hay en tu corazón, ¡no tengas miedo!

Acción: En este último paso de la *lectio* la pregunta fundamental es: ¿qué acciones vas a emprender hoy para poner en práctica este mensaje? Que el Señor te conceda las gracias que necesitas para encarnar su mensaje y transmitirlo a los demás.

Cristo, salvador y primogénito de toda la creación (1:15–23)

Lectura: Amigo y amiga, este texto tal como está escrito es toda una joya teológica. Cristo es imagen del Dios invisible; Él es el primero en toda la creación. Por Cristo todo fue creado: tanto las realidades terrenas como las celestiales, así como todas las potestades. Todo fue creado por Cristo y para Cristo; Cristo no tiene ni principio ni fin. Cristo es la esencia (lo que da vida) a todo lo que existe. Cristo es la cabeza de todos nosotros, su Iglesia y como principio de los muertos nos hace partícipes de este misterio glorioso. En Cristo reside la plenitud de todo y por Él fuimos reconciliados mediante su preciosa sangre en la cruz. Cristo ha restablecido el orden cósmico mediante su sacrificio redentor; la sangre de la cruz ha llevado todo hasta su consumación final.

Meditación: ¿Qué te dice el texto bíblico en este día? Deja que el Señor te examine por medio de su Palabra. No son palabras del pasado sino del presente. Amigo y amiga, este texto es realmente para digerirse lentamente ya que lo que nos presenta nos debe hacer caer de rodillas ante su altar. Cristo es la imagen del Dios invisible. Sí, ese Dios que tantas personas buscan y anhelan conocer. ¡Cristo es la presencia de Dios en medio de nosotros! Lo que tantas personas anhelan conocer, los cristianos lo tenemos en nuestras manos cada domingo. En el don de la Eucaristía podemos tocar a Aquel que lo es todo No solo eso, ¡podemos consumir a Aquel que lo es todo! Si Cristo da vida y mantiene todo en existencia, ¿entonces qué es de nosotros cuando lo consumimos de manera total? ¿En qué nos transforma? ¿Qué dice todo esto sobre la dignidad de la persona humana? Comparte tus reflexiones con los demás.

Oración: Después de la meditación pasamos al momento de la oración. ¿Qué le vas a decir al Señor como respuesta a su Palabra? Abre tus manos y ofrécele un profundo momento de silencio.

Contemplación: ¿Qué conversión de la mente, del corazón y de tu vida te pide el Señor? ¡Amigo y amiga, dale tu mente, tu corazón y tu vida al Señor! Solo Él sabe lo que hay en tu corazón, ¡no tengas miedo!

Acción: En este último paso de la *lectio* la pregunta fundamental es: ¿qué acciones vas a emprender hoy para poner en práctica este mensaje? Que el Señor te conceda las gracias que necesitas para encarnar su mensaje y transmitirlo a los demás.

Ministerio de Pablo (1:24–2:5)

Lectura: Amigo y amiga, el apóstol Pablo comenta a los colosenses que está alegre de poder sufrir por todos ellos. Afirma que de esta manera va completando en su propio cuerpo lo que falta a los sufrimientos de Cristo para bien de toda la Iglesia. Por disposición de Dios mismo fue nombrado servidor (esclavo) de la Iglesia para el servicio de ellos; de esta manera da cumplimiento a la voluntad de Dios: revelar el misterio (secreto) escondido por siglos y generaciones. Este misterio de Dios es Cristo. El Apóstol lo revela para que todos puedan llegar a la madurez en Cristo.

Meditación: ¿Qué te dice el texto bíblico en este día? Deja que el Señor te examine por medio de su Palabra. No son palabras del pasado sino del presente. Amigo y amiga, qué grandes palabras acabamos de leer: la voluntad de Dios es que conozcamos su misterio y secreto, Cristo. Llegar a la madurez en Cristo es conocerlo a Él como persona para desarrollar una amistad. En esto consiste la madurez cristiana, en ver a Cristo como un amigo, sentir a Cristo como nuestro hermano y compañero de la vida. ¿Tomas el tiempo adecuado día a día para conversar con tu amigo Jesucristo? ¿Si no lo haces, por qué no? Pablo lo conoció cuando el Señor le salió al encuentro y desde entonces fue su fiel siervo. ¿Y tú qué? Comparte con los demás tus reflexiones.

Oración: Después de la meditación pasamos al momento de la oración. ¿Qué le vas a decir al Señor como respuesta a su Palabra? Abre tus manos y ofrécele un profundo momento de silencio. Después todos juntos oren:

Señor Jesucristo, eterno misterio y secreto de Dios,
te has revelado en medio de nosotros, tu revelación es amor.
Ayúdanos a dejarnos abrazar por ti,
danos un corazón deseoso de entregarse a ti,
danos docilidad de espíritu para completar en nuestros cuerpos
lo que falta para el bien de toda tu Iglesia. Amén.

Contemplación: ¿Qué conversión de la mente, del corazón y de tu vida te pide el Señor? ¡Amigo y amiga, dale tu mente, tu corazón y tu vida al Señor! Solo Él sabe lo que hay en tu corazón, ¡no tengas miedo!

Acción: En este último paso de la *lectio* la pregunta fundamental es: ¿qué acciones vas a emprender hoy para poner en práctica este mensaje? Que el Señor te conceda las gracias que necesitas para encarnar su mensaje y transmitirlo a los demás.

Vida cristiana (2:6–19)

Lectura: Amigo y amiga, el apóstol Pablo pide a los tesalonicenses que tengan cuidado con las falsas enseñanzas, ya que no están arraigadas en Cristo Jesús. Les pide que no se dejen arrastrar por teorías y argumentos falsos basados en tradiciones humanas y en los poderes que dominan al mundo. La enseñanza verdadera está arraigada en Cristo ya que en Él reside toda la plenitud del ser y de Él recibimos la plenitud en el bautismo. En el bautismo fuimos sepultados y resucitados. El cristiano es una criatura nueva y totalmente libre en Cristo.

Meditación: ¿Qué te dice el texto bíblico en este día? Deja que el Señor te examine por medio de su Palabra. No son palabras del pasado sino del presente. Hay muchas personas que se dejan confundir por gente que solo busca aprovecharse de ellas. Muchas de estas personas ganan dinero a expensas de tantos cristianos que no conocen su fe. Van a tiendas o mercados y compran veladoras que llevan la etiqueta de seres que no tienen nada que ver con Cristo. Dicen que por medio de estas veladoras u otros productos le están rezando a Dios. ¿Pero a quién le rezan? ¿Le rezan al Dios Padre de nuestro Señor Jesucristo? La triste realidad es que tantas personas viven gastando fortunas para estar más cerca de Dios y muchas al final terminan perdiendo la fe que tenían. Amigo y amiga, ¿y a ti que te dice esta palabra? Comparte tus reflexiones con los demás.

Oración: Después de la meditación pasamos al momento de la oración. ¿Qué le vas a decir al Señor como respuesta a su Palabra? Sería muy conveniente ofrecerle un momento de silencio muy sentido. Ora por ti, por tu familia y por todas las personas que se han dejado estafar por grupos o mercancía pseudo-religiosa.

Contemplación: ¿Qué conversión de la mente, del corazón y de tu vida te pide el Señor? ¡Amigo y amiga, dale tu mente, tu corazón y tu vida al Señor! Solo Él sabe lo que hay en tu corazón, ¡no tengas miedo!

Acción: En este último paso de la *lectio* la pregunta fundamental es: ¿qué acciones vas a emprender hoy para poner en práctica este mensaje? Que el Señor te conceda las gracias que necesitas para encarnar su mensaje y transmitirlo a los demás.

ESTUDIO INDIVIDUAL (COL 2:20–4:18)

Día 1: Vida nueva con Cristo (2:20–3:4)

El apóstol Pablo hace la pregunta, si con Cristo han muerto a los poderes del mundo, ¿por qué entonces se someten a las órdenes de los que viven en el mundo? Estos seres ya no tienen poder sobre ellos. Pablo ve como un total absurdo que se dejen manipular por cuestiones alimenticias, lo que pueden tocar y lo que pueden utilizar. Los llama preceptos y enseñanzas humanas. Tales enseñanzas, en apariencia sabiduría y religión, solo buscan satisfacer las pasiones humanas. No están arraigadas en Cristo Jesús, es más, diluyen la fe de las personas porque ya no saben distinguir lo que es de Cristo y lo que es del mundo.

Después de esta llamada de atención, el Apóstol nos presenta una de las más bellas enseñanzas sobre la realidad transformadora del bautismo. Afirma que si han resucitado con Cristo, deben buscar los bienes del cielo. Cristo está sentado a la derecha de Dios Padre; los bautizados deben pensar en las cosas del cielo y no en las preocupaciones humanas que van y vienen. La vida del bautizado es la de alguien que ha muerto a este mundo y su vida está ahora con Cristo en Dios. La esperanza de los bautizados es que, cuando se manifieste Cristo, ellos aparecerán con Él, llenos de gloria. La vida del bautizado es Cristo. Si el bautizado ha sido transformado por el poder de Dios en Cristo y ya no está atado al mundo porque ha sido cristianizado, entonces se puede afirmar que esta nueva criatura es agente de transformación en este mundo, ya que lleva en su cuerpo al mismo Cristo Jesús. El bautizado está llamado a santificar este mundo para Dios.

Lectio divina

Siguiendo los pasos de la *lectio*, dedica entre 8 y 10 minutos en silencio a meditar, orar y contemplar el siguiente pasaje:

Si con Cristo han muerto a los poderes del mundo, ¿por qué se someten a los dictados de los que viven en el mundo? (Col 2:20)

Amigo y amiga, ¿qué acciones vas a emprender hoy para poner en práctica este mensaje?

Día 2: La praxis cristiana (3:5-17)

Un comportamiento verdaderamente cristiano es el resultado de una transformación radical que afecta de manera total al creyente en sus dimensiones individuales y sociales. Un cristiano no puede comportarse como alguien que no lo es, así de sencillo. Una criatura nueva, configurada con Cristo Jesús Salvador y Señor absoluto del universo, ha recibido un gran don y responsabilidad. Todo lo que dice y toca debe ser santificado, o sea, debe ser cristianizado. ¿Qué significa ser cristianizado? Significa que en su vida esta persona presenta a Cristo porque vive y siente como Cristo; lleva en su humanidad la humanidad de Cristo. Tal persona quiere la salvación de todos, ya que esa es la voluntad de Dios.

El Apóstol les pide que hagan morir en ellos todo lo que es terrenal, desde la inmoralidad sexual hasta la idolatría. Ellos, los colosenses, antes de ser bautizados se comportaban de una manera desenfrenada. Les pide que dejen todo tipo de conducta que no sea digna de un cristiano. Ya no pueden vivir como lo hacían anteriormente porque se han despojado del hombre viejo. Ahora son hombres nuevos. A medida que crece su conocimiento de lo recibido, su humanidad se va renovando a imagen de su Creador, Dios. Las distinciones que hace el mundo ya no existen para el cristiano. En la actualidad los cristianos ya no pueden catalogar a la gente por el color de su piel o por su nacionalidad. Para Pablo ya no importa ser griego o judío. Dios ama a todos y no hace distinciones; Cristo lo es todo para todos y de igual manera el cristiano.

Los bautizados son los elegidos, consagrados y amados de Dios que deben revestirse de todo lo opuesto a las bajas pasiones. Deben tener los mismos sentimientos de Cristo, desde ser compasivos hasta perdonarse mutuamente. Por encima de todo, deben amarse. El amor es el toque de la perfección. La paz de Cristo debe reinar en sus corazones. Para poder lograr esto es importante que la Palabra de Cristo habite en ellos con toda su riqueza; esta Palabra debe consumirlos, debe ser su fuente de vida. Solo de esta manera podrán alabar a Dios y todo lo que hagan y digan lo harán invocando al Señor Jesús. Amigos y amigas, el mensaje del Evangelio es una verdadera revolución. Este mensaje no es un sueño utópico del que se ha estado hablando desde la venida de Cristo. Es la fuerza del amor, lo que está transformando continuamente toda la creación. Cielo y tierra pasaran mas su Palabra, Cristo, nunca pasará.

Lectio divina

Siguiendo los pasos de la *lectio*, dedica entre 8 y 10 minutos en silencio a meditar, orar y contemplar el siguiente pasaje:

> Y por encima de todo el amor, que es el broche de la perfección. Y que la paz de Cristo dirija sus corazones, esa paz a la que han sido llamados para formar un cuerpo. Finalmente sean agradecidos (Col 3:14–15).

Amigo y amiga, ¿qué acciones vas a emprender hoy para poner en práctica este mensaje?

Día 3: Deberes familiares y sociales (3:18–4:1)

El contexto cultural del Apóstol es un mundo donde el hombre domina a la mujer, a los hijos y a los esclavos. El autor no llama a cambiar la estructura social con respecto a los esclavos, tal vez porque pensaba que la segunda venida de Jesús era inminente. En esta sociedad dominada por el hombre, el papel de la mujer era prácticamente ser sierva del esposo.

En esta sociedad patriarcal, las mujeres eran tratadas como propiedad del esposo, como si fuesen esclavas. También en esta sociedad el padre era quien disciplinaba a los hijos.

El cristiano, como criatura nueva y agente de transformación en el mundo, empieza por su propia casa. El Apóstol hace un severo llamado a los maridos y esposas a vivir como cristianos. Pide que las esposas escuchen a sus maridos ya que así lo pide el Señor. A los maridos les pide que amen a sus esposas y que no las traten con rudeza. Ambos deben evitar lo que el primer hombre y la primera mujer hicieron. La mujer no escuchó y el hombre no amó a su mujer como debía de hacerlo y, después de la caída, el hombre trató a la mujer con rudeza. Ahora, también los hijos tienen deberes familiares, deben obedecer a sus padres en todo. Esto le agrada al Señor. Los padres por su parte, no deben hacer enojar a sus hijos; deben amarlos para que de esa manera no sean presa del desánimo. Los esclavos también tienen su parte, deben obedecer a sus amos de la tierra con sencillez de corazón y respeto al Señor.

Lo que tenemos en las palabras del Apóstol es su visión de la Iglesia doméstica. Los miembros de la casa deben vivir una vida de sometimiento mutuo. ¿Qué quiere decir esto? Que todos deben amarse como Cristo los ha amado. Todo lo que estamos llamados a hacer, debemos hacerlo de corazón porque es una manera de servir al Señor. Porque es a Cristo al que servimos, nos espera una herencia a lo que le servimos. Por último, el Apóstol le pide a los amos que traten a sus esclavos con justicia y equidad, ya que ellos son esclavos del Señor. Todo cristiano es siervo de Dios, Él es el único amo al que debe conocer, servir y amar.

Lectio divina

Siguiendo los pasos de la *lectio*, dedica entre 8 y 10 minutos en silencio a meditar, orar y contemplar el siguiente pasaje:

Esposas, hagan caso a sus maridos, como pide el Señor. Maridos, amen a sus esposas y no las traten con aspereza (Col 3:18–19).

Amigo y amiga, ¿qué acciones vas a emprender hoy para poner en práctica este mensaje?

Día 4: Epílogo y recopilación (4:2–6)

El apóstol Pablo hace una exhortación a los colosenses para que perseveren en la oración y permanezcan vigilantes. Les pide que recen por él para que Dios abra la puerta a la Buena Nueva y le permita seguir predicando el misterio de Cristo. De esta manera podemos ver dos puntos esenciales en la vida del cristiano: la oración y la predicación del Evangelio. La vida de oración nos ayuda a explicar el mensaje salvador del Evangelio. Una fuerte vida de oración le facilita al cristiano establecer un diálogo con los que aún no conocen a Cristo y tener conversaciones que sean edificantes. Debe responder a las preguntas de los demás con sabiduría y amor pastoral. Responder de una manera que sea adecuada y que no intimide a la otra persona, de tal forma que esa persona pueda seguir preguntado con confianza. Ante todo, una vida de oración nos ayuda a respetar y conocer a los demás. El cristiano debe ser un testigo y ejemplo del amor de Dios.

Lectio divina

Siguiendo los pasos de la *lectio*, dedica entre 8 y 10 minutos en silencio a meditar, orar y contemplar el siguiente pasaje:

Perseveren en la oración, velando en ella y dando gracias (Col 4:2).

Amigo y amiga, ¿qué acciones vas a emprender hoy para poner en práctica este mensaje?

Día 5: Saludos finales (4:7–18)

El apóstol Pablo nos da una larga y detallada lista de sus colaboradores y compañeros. Los llama "queridos hermanos", "fieles ministros", "compañeros al servicio del Señor", "justos", "siervos de Cristo Jesús" y "gente de oración". Algo que podemos subrayar en este saludo final es el poder de la oración por los demás. Epafras es un claro ejemplo. Esto nos indica que todos como cristianos deben hacer siempre oración para que todos hagamos la voluntad de Dios. El poder de la oración radica en que creemos con fe profunda en el amor de Dios. También menciona a Bernabé y a Lucas, muy probablemente son los que llamamos Bernabé apóstol y el evangelista

Lucas. También menciona que se reúnen en la casa de Ninfa y pide que su carta se lea en la comunidad de Laodicea y en su comunidad. Termina diciendo que su firma en la carta es de su propio puño y letra, la señal de su autoridad apostólica. Los saludos los envía desde la prisión donde se encuentra a causa del Evangelio.

Lectio divina

Siguiendo los pasos de la *lectio*, dedica entre 8 y 10 minutos en silencio a meditar, orar y contemplar el siguiente pasaje:

Los saluda Epafras, también de esa comunidad, siervo de Cristo [Jesús], que en sus oraciones ruega siempre por ustedes para que sean decididos y perfectos en cumplir la voluntad de Dios (Col 4:12).

Amigo y amiga, ¿qué acciones vas a emprender hoy para poner en práctica este mensaje?

Preguntas de reflexión

1. En tu experiencia de vida, ¿cuáles son los poderes del mundo que más tratan de someter a los cristianos? ¿Qué puedes hacer para contrarrestar esos poderes?
2. El mensaje del Evangelio es una revolución de amor. ¿Cómo explicarías lo que es y significa ser cristiano a los que no lo son o a los que se han separado de la Iglesia?
3. ¿Qué cosas se pueden hacer para mejorar la vida familiar? ¿De qué maneras podemos fomentar y fortalecer auténticos matrimonios cristianos?
4. ¿Cómo es tu vida de oración? ¿Rezas por todos en tu familia diariamente? Si no es así, ¿cuál sería una manera de empezar a hacer oración?

Carta a los Efesios: El amor de Cristo supera todo conocimiento

EFESIOS 1–6

"¡Bendito sea Dios, Padre de nuestro Señor Jesucristo!, quien por medio de Cristo nos bendijo con toda clase de bendiciones espirituales del cielo. Por él, antes de la creación del mundo, nos eligió para que por el amor fuéramos consagrados e irreprochables en su presencia" (Ef 1:3–4)

Oración inicial (ver página 17)

Contexto

Parte 1. Efesios 1:1–4:16: El autor, después de identificarse como el apóstol Pablo y de saludar a los efesios con la gracia y paz del Señor, presenta una joya teológica que expresa el plan de salvación de Dios. Es un himno de alabanza a Dios, Padre de nuestro Señor Jesucristo. Después da gracias a Dios por la fe que los efesios tienen en Jesucristo y por el amor que se profesan mutuamente. Los recuerda en sus oraciones pidiendo que Dios les conceda un Espíritu de sabiduría y revelación para que puedan ver el profundo misterio de Dios en Jesucristo. Los anima al decirles que han pasado de la muerte a la vida por la misericordia de Dios. Dios, rico en misericordia, los revivió con Cristo para así ser salvados en gratuidad. Han sido salvados por la gracia de Dios.

El Apóstol hace un llamado a la unidad, ya que Cristo los reconcilió con Dios en un solo cuerpo por medio de la cruz. De esa manera ya tienen acceso al Padre por un mismo Espíritu y son conciudadanos de los consagrados y de la familia de Dios. También les recuerda que está preso a causa de ellos. Les cuenta que fue por medio de una revelación que se le dio a conocer el misterio de Dios, Jesucristo. A él, Dios le concedió esta gracia de anunciar el misterio a todos los paganos. Dios lo predestino a él para llevar a cabo esta misión. Por tal revelación y don dobla las rodillas ante Dios Padre. Pide a Dios que los fortalezca internamente con el Espíritu para que Cristo habite en sus corazones por la fe.

Por último, el Apóstol los anima a vivir de acuerdo con la vocación que cada uno de ellos ha recibido. Les pide que luchen por mantener la unidad del cuerpo de Cristo, la Iglesia. Afirma que cada uno de ellos recibió un don para la edificación de este cuerpo. Cada uno ha recibido, según la voluntad de Dios. El utilizar los dones recibidos para la edificación de su cuerpo los ayudará a alcanzar la unidad de la fe y el conocimiento del Hijo de Dios. De esta manera podrán lograr la perfección y llegar a la madurez de la plenitud de Cristo.

Parte 2. Efesios 4:17–6:24: El apóstol Pablo, en el nombre del Señor, les dice y recomienda a los efesios no vivir como los paganos. Los paganos se han entregado a una vida incompatible con la vida del cristiano. Les pide que se digan siempre la verdad unos a otros y que no se enojen y pequen. Los anima a que imiten a Cristo y sigan el camino del amor tal como Cristo lo hizo en la cruz. Les advierte que no se dejen engañar con argumentos falsos como lo hicieron en algún tiempo. Ahora son hijos de la luz. Los invita a saber discernir lo que le agrada al Señor y a no participar en obras de las tinieblas. Un buen discernimiento en el Señor los hará obrar como personas sensatas y no como los necios.

Pablo utiliza la imagen del matrimonio para hablar sobre la relación entre Cristo y la Iglesia. Exhorta a las mujeres a respetar a sus maridos como al Señor y al marido le pide que ame a su esposa como Cristo amó a la Iglesia. Los maridos tienen que amar a sus esposas como a su propio cuerpo ya que quien ama a su mujer se ama a sí mismo. La entrega total del marido a la mujer refleja la entrega total de Cristo por su amada, la

Iglesia. De igual manera, el respeto de la mujer al marido refleja la escucha de la Iglesia a Cristo, es así como ella se somete a Él.

Por último, habla sobre la relación entre hijos y esclavos, y la lucha contra el mal. Los hijos deben obedecer a sus padres y de igual manera, los esclavos deben obedecer a sus amos corporales de manera sincera. Los deben obedecer como si sirvieran a Cristo mismo. A los amos les pide que se comporten de manera justa porque ellos son esclavos (siervos) del Señor y en el cielo él no hace distinción de personas. En este punto conviene precisar que la esclavitud es contraria al mensaje del Evangelio, pero en aquel momento la forma en que la sociedad estaba estructurada no permitía extirpar este mal de la noche a la mañana. Se requirieron muchos siglos para que esta fuera abolida, también bajo el impulso de la doctrina cristiana que predica la igualdad de todos los hombres como hijos de Dios.

Antes de su saludo final, pide a todos que se vistan la armadura de Dios para poder resistir a los engaños del Diablo. Pablo utiliza la imagen de un soldado romano para comunicar su mensaje de estar listos para esa batalla contra los poderes del mal. Ante todo, deben vivir siempre en oración y súplica, deben permanecer despiertos.

ESTUDIO EN GRUPO (EF 1:1–4:16)

Leer texto en voz alta.

1:1–14: Saludo y bendiciones

Algunos biblistas piensan que la Carta a los Efesios era una carta circular dirigida a varias comunidades. ¿Por qué dicen esto? Porque en ciertos manuscritos falta la determinación "Éfeso". La carta va dirigida a los consagrados, o sea, a los creyentes que han sido convocados a formar parte del pueblo santo de Dios. El saludo sigue el esquema típico de Pablo, dar la gracia y la paz de parte de Dios nuestro Padre y del Señor Jesucristo.

Algunos biblistas consideran el himno de alabanza como probablemente el más difícil de todo el Nuevo Testamento, ya que rompe todas las reglas gramaticales. El autor parece estar bajo la fuerza de un entusiasmo incontenible y parece que este himno debe proclamarse más bien en medio de una acción litúrgica y no tanto en una lectura individual. También varios biblistas piensan que el himno es una bendición pre-bautismal adoptada por Pablo. Esta bendición nos presenta el gozo profundo y la acción de gracias de los catecúmenos, que es compartida por toda la asamblea litúrgica, ante el inminente momento de su bautismo. Por otro lado, podemos ver el gran fruto que nos trae el bautismo: la vida nueva en Cristo. ¿Qué les daba el bautismo? La filiación divina, el perdón de los pecados, la incorporación a Cristo y el don y sello del Espíritu Santo. Con el bautismo comenzaba a revelarse la nueva realidad de la persona humana consagrada a Dios por siempre.

Pablo bendice a Dios, Padre del Señor Jesucristo, que por medio de Él los ha bendecido a todos. En Cristo ha dado toda clase de bendiciones espirituales del cielo. Las bendiciones que ahora los cristianos tienen son del mismo lugar donde reside Dios eternamente; son bendiciones del Reino. Fue por Cristo, antes de toda la creación de lo que existe, que Dios lo había elegido para que por el amor fueran consagrados. Lo que ha hecho Dios Padre en Jesucristo ha sido su plan por toda la eternidad. Los cristianos reciben el llamado a vivir vidas santas y puras. Dios Padre los ha predestinado a ser sus hijos adoptivos por medio de Jesucristo. Todo esto se ha dado conforme a la voluntad de Dios para alabanza de la gloriosa gracia que Dios les ha otorgado por medio de su amado Hijo Jesucristo.

El apóstol afirma que, por medio de la sangre de Jesucristo, Dios nos redime y reconcilia con Él. Dios, según la riqueza de su gracia, derrocha –da en abundancia– toda clase de sabiduría y prudencia. Dios comparte con nosotros sus dones celestiales. En su gran sabiduría, Él se revela en Jesucristo en la plenitud de los tiempos y todo el universo alcanzará su unidad en Cristo. Dios ha escogido a todo el género humano, no solo al pueblo judío. A todos nos ha predestinado a ser herederos según su libre decisión. Al escuchar el mensaje de la verdad, la Buena Nueva, los efesios han creído en Jesucristo y, por tanto, han sido marcados con el sello del Espíritu Santo prometido. El Espíritu Santo es la garantía de nuestra herencia como cristianos; es el Espíritu el que prepara la redención de todo el pueblo de Dios. Lo que tenemos en esta bendición es el despliegue del amor infinito de Dios Padre por toda la humanidad.

En esta bendición tenemos la acción del Dios trinitario. Dios Padre nos redime por medio de Cristo y nos da su gracia plenamente para que podamos ser herederos de su Reino. Jesucristo muere en la cruz, por medio de su sangre somos rescatados y por medio de su sacrificio redentor podemos conocer el misterio de la voluntad de Dios. Hemos escuchado la Buena Nueva, el mensaje de la verdad de nuestra salvación. Hemos creído y sido marcados con el sello del Espíritu Santo prometido. Por haber recibido el Espíritu Santo tenemos la garantía de nuestra herencia.

1:15–23: Súplica

Pablo hace una oración de petición por los efesios y por todos nosotros que leemos la Palabra de Dios. Ora para que conozcamos el misterio de salvación, el cual ya mencionó en la bendición inicial, que es Jesucristo. Pablo ora por ellos al enterarse de la fe que tienen en el Señor Jesús y en el amor fraterno. Pide que Dios nos conceda un Espíritu de sabiduría y revelación para que de esa manera podamos conocerlo a Él verdaderamente. Antes de la venida de Cristo nadie podía entender el misterio del plan de salvación de Dios. Por medio de la acción del Espíritu Santo podemos adquirir el conocimiento y la sabiduría para entender el misterio de la revelación personal de Dios. Conocer verdaderamente a Dios significa tener un encuentro personal con el misterio de su Palabra eterna, Jesucristo Hijo de Dios y Salvador nuestro. Jesucristo es la revelación del misterio de Dios.

Pablo pide que Dios ilumine sus corazones para que puedan valorar la esperanza a la que han sido llamados en virtud de su consagración al Señor que empezó en el bautismo. Pide también que puedan valorar la espléndida riqueza de la herencia que Dios ha prometido a todos los consagrados, a todo el pueblo santo. Y también pide a Dios que puedan valorar la grandeza extraordinaria de su poder a favor de todos los creyentes. En definitiva, son tres cosas las que pide Pablo: valorar la esperanza, la riqueza de la herencia y la grandeza del poder de Dios. Quiere que los corazones puedan valorar esas riquezas, quiere que esto lo sientan en la carne y que puedan tomar decisiones que los lleven a gozar de la profundidad del misterio de Dios. La fuerza de Dios es eficaz y, por tanto, todo lo puede.

Esta eficacia del poder de Dios ha sido revelada en Cristo al resucitarlo de la muerte. Esta es la prueba del amor y del poder de Dios. Lo resucita de la muerte y lo sienta a su derecha en el cielo, y este es el destino de todos los consagrados. ¿Por qué creen los cristianos que este es nuestro destino? Por lo realizado en Jesucristo. Lo sienta a su derecha y le otorga poder sobre toda autoridad, potestad, poder y soberanía. Todos los poderes cósmicos han sido sometidos bajo los pies de Jesucristo. Dios ha nombrado a Jesucristo cabeza de la Iglesia. Esta Iglesia es su cuerpo y plenitud de aquel que llena completamente todo. La Iglesia, por tanto, es más que una realidad terrestre ya que está unida a Cristo y su misión sigue en este mundo como continuación de lo que Cristo comenzó y realizó en su vida.

2:1-10: De la muerte a la vida

La pertenencia a la Iglesia, en calidad de miembros del cuerpo de Cristo, se debe a que han pasado de una realidad de muerte a una nueva realidad de vida. El apóstol Pablo describe la realidad de la muerte de la cual fueron rescatados, un mundo separado totalmente de Dios y bajo el poder del mal. También a los judíos los incluye en esta situación de aislamiento porque seguían los impulsos de sus bajas pasiones. A pesar de estar circuncidados y de tener la ley, eran incapaces de responder al amor de Dios. Pablo, en su comentario de la muerte a la vida, presenta un antes y un después en la historia de la humanidad. De esta manera quiere que vean el contraste entre una vida de muerte y una vida nueva en Dios.

Dios, rico en misericordia, los rescata de la muerte en que vivían. La salvación de Dios es un don que Él da gratuitamente, por amor. Los hace revivir con Cristo de esa muerte en la cual estaban presos para liberarlos y así vivir una vida nueva. Afirma que, con Cristo, Dios los resucitó y los sentó en el cielo. Esta es la manera como Dios muestra su gloria: mediante la restauración de la dignidad de la persona humana. La eleva a un rango más alto sobre toda criatura. Sienta al ser humano en el cielo; esta es la gran generosidad de Dios. Les recuerda que han sido salvados por la fe y no por mérito propio; son salvados por la gracia de Dios y no por la obras. Por último, el Apóstol afirma que ellos son obra de Dios, creados por medio de Jesucristo para realizar las buenas acciones que Dios les ha encomendado como tarea. La tarea–misión de los consagrados es proclamar la Buena Nueva de salvación, esto es, el Evangelio. El haber sido salvado debe catapultar al cristiano a ponerse al servicio de Jesucristo para que la salvación llegue a todo hogar y lugar sin excepción.

2:11–22: Unidad por Cristo

Este pasaje contiene el tema central de la carta: la expresión de la unidad entre los judíos y los gentiles en Cristo Jesús. El Apóstol se dirige a los, así llamados por los judíos, "incircuncisos del cuerpo". Ellos vivían lejos de Cristo y estaban excluidos de la ciudadana de Israel, ya que eran ajenos a la Alianza y sus promesas; vivían sin esperanza y sin Dios. Sin embargo, gracias a Cristo Jesús, ahora ellos están cerca y esto es posible por la sangre de Cristo. Es la sangre de Cristo la que rompe las barreras que existían entre el pueblo de la promesa y los gentiles. Cristo Jesús derriba con su cuerpo ese muro que los dividía, la hostilidad. Anula la Ley con sus preceptos y todo tipo de cláusulas para reunir a dos pueblos en su persona y crear de los dos una nueva humanidad. De esta manera, Cristo restablece la paz ya que nos reconcilia con Dios en un solo cuerpo por medio de la cruz. Cristo en su persona, en su sacrificio en la carne, destruye la hostilidad que existía entre los dos pueblos. Destroza este mal en su humanidad.

Cristo Jesús vino a anunciar la paz, la Buena Nueva, tanto a los que estaban lejos (los gentiles) como a los que estaban cerca (los judíos). A través de Cristo todos tienen acceso al Padre en un mismo Espíritu. Por esta razón los gentiles ya no son extranjeros, ni huéspedes sino conciudadanos de los consagrados y de la familia de Dios. Esta familia esta edificada sobre el cimiento de los apóstoles y Cristo es la piedra angular. Este edificio crece hasta ser santuario consagrado al Señor. Por medio de este edificio, los gentiles entran con todos los demás en la construcción para ser morada de Dios en el Espíritu.

A final de cuentas, el Apóstol nos ha presentado su carta magna de la unidad y la reconciliación. Este era un tema de gran importancia en su tiempo y es de gran actualidad también en el nuestro. Ni los judíos ni los gentiles estaban libres de culpa, ambos estaban en el fango. De igual manera, en la actualidad, nadie tiene ahora el monopolio de la salvación.

Esta salvación no depende de ritos, ni de leyes ni de privilegios, ni de sangre, raza o nación; la salvación es un don gratuito de Dios. Dios se la da a quien le plazca por medio de Jesucristo.

3:1–13: Misión de Pablo

Pablo se declara Apóstol de los paganos, llamado por Dios para revelar su misterio y secreto: Jesucristo. El Mesías tan esperado por los judíos vino también para rescatar a los paganos. Pablo entiende esto como el secreto que Dios tuvo guardado durante muchos siglos. Si bien algunos textos del Antiguo Testamento apuntan a una apertura universal que incluye a todas las naciones, siempre había cláusulas y límites que hacían de los paganos ciudadanos de segunda clase en el plan del Dios de Israel.

El Apóstol les informa que la gracia de Dios le fue dispensada para su propio provecho. Afirma que fue por medio de una revelación como se le dio a conocer el misterio. Les pide que lean su carta para poder comprender cómo entiende él este misterio. El misterio no se había dado a conocer a los hombres del pasado; se ha revelado a sus santos apóstoles y profetas inspirados. ¿Qué misterio se les ha revelado? Que por medio de la Buena Nueva los paganos ahora comparten la herencia y las promesas de Cristo Jesús y por lo tanto son miembros del mismo cuerpo. Entonces se puede afirmar que la enseñanza correcta y sin error procede de los apóstoles y sus sucesores, así como también de profetas inspirados por Dios mismo. Esto es lo que llamamos "Tradición apostólica".

Después Pablo afirma que él es ministro de esa Buena Nueva por don de la gracia de Dios. El Apóstol se considera el último de los consagrados en recibir esta gracia: anunciar a los paganos la riqueza inimaginable de Cristo y hacer luz sobre este secreto de Dios. Ahora es posible que todos conozcan este secreto por medio de la Iglesia; por medio de ella todos pueden conocer la sabiduría de Dios en todas sus formas. Esto es lo que Dios concibió desde toda la eternidad en Cristo Jesús, Señor nuestro. Todos ahora tienen libre acceso a Dios por medio de la fe. Los judíos y los paganos son co-herederos del Reino de Dios con Cristo. Ambos son parte del mismo cuerpo de Cristo y ambos comparten la promesa de Dios por medio de Jesucristo.

3:14–21: El amor de Cristo

Pablo dobla sus rodillas ante la gracia abrumadora del amor de Dios en Cristo. Del Padre procede toda paternidad en el cielo y en la tierra. Pide a Dios que se digne fortalecerlos con el Espíritu para que Cristo habite en sus corazones por la fe y estén arraigados en el amor. Solamente si están arraigados en el amor, podrán comprender la anchura y la longitud, la altura y la profundidad que supera todo conocimiento. ¿A qué se refiere el Apóstol? Al amor de Cristo; solo mediante este conocimiento los paganos pueden ser colmados de la plenitud de Dios.

Pablo invoca al Padre y al Espíritu Santo. Pide a Dios Padre que les conceda la paternidad; al Espíritu, que los fortalezca para que la fe y el amor de Cristo puedan crecer en sus corazones. Es el poder del Espíritu el que los conduce a la comprensión del amor de Cristo. El Apóstol nos presenta un apasionado discurso sobre cuán inefable es el amor de Cristo. El plan universal de Dios es que conozcamos a Cristo, aún más, que conozcamos su amor. Y ¿cómo podemos conocer su amor? Mediante la contemplación de la cruz, es ahí donde Cristo nos muestra cuánto nos ama.

4:1–16: Unidad del cuerpo

Pablo comienza la parte exhortativa de su carta y habla con la autoridad que le dan sus sufrimientos y su prisión por Cristo. La unidad del cuerpo de Cristo nos congrega a todos a la unidad como vocación cristiana. Pablo nos explica en qué consiste la unidad cristiana. La unidad se debe vivir con humildad y amabilidad; con paciencia y apoyo mutuo en el amor; el esfuerzo debe ser constante por mantener la unidad con el vínculo de la paz de Dios. La fórmula de la unidad la presenta Pablo de la siguiente manera: un solo cuerpo (visible), un solo Espíritu (unidad interna), una sola la esperanza (nuestro destino), un solo Señor (obediencia al redentor), una sola fe (seguimiento de las enseñanzas correctas), un solo bautismo (incorporación a Cristo), un solo Dios (el eje central y fuente de todo), Padre de todos, sobre todos, entre todos y en todos. Estas son las siete caras de la unidad cristiana.

El Apóstol afirma que cada uno ha recibido sus propios dones. A algunos Dios los nombró apóstoles, a otros profetas, a otros evangelistas, a otros pastores y maestros. Dios los prepara de esta manera para los trabajos del ministerio; los dones que ha dado son para construir el cuerpo de Cristo. Los dones nos ayudan a edificar la Iglesia hasta que todos alcancemos la unidad de la fe y el conocimiento pleno de Jesucristo. Una vez alcanzada la madurez de la plenitud de Cristo, dejaremos de ser niños, o sea, ya no nos dejaremos arrastrar por cualquier enseñanza humana, sino que nos dejaremos guiar por Cristo mismo. Podremos realmente vivir en la verdad y en el amor y creceremos hasta alcanzar del todo al que es cabeza, a Cristo Jesús. Por medio de Jesucristo, todo el cuerpo recibe unidad y cohesión. Cristo, como cabeza, mantiene el cuerpo firme y lo construye en el amor.

Preguntas de reflexión

1. ¿Qué es lo que más te llamó la atención del himno de alabanza?
2. ¿Qué aprendiste de la labor del Espíritu en la súplica de Pablo?
3. ¿De qué maneras concretas has experimentado la misericordia de Dios?
4. ¿De qué forma luchas por la unidad en tu comunidad de fe o en tu familia?
5. ¿De qué maneras compartes y anuncias el secreto revelado a Pablo, Cristo Jesús, a los que no lo conocen?
6. Comparte con otros la primera vez que experimentaste el amor de Cristo.

Oración final (ver página 17)

La oración final se dice antes o después del ejercicio de *lectio divina*.

Lectio divina (ver página 9)

Relaja tu cuerpo y mantén una postura de oración (sentado, ojos cerrados, ambos pies en el piso). Este ejercicio puede tomar el tiempo que sea necesario. En el contexto de este estudio de Biblia, de 10 a 20 minutos son suficientes. El propósito de la *lectio divina* es ayudarte a entrar en la dinámica de la lectura orante mediante la meditación, la oración y la contemplación de la Palabra de Dios; que puedas entablar un diálogo con Dios en lo más íntimo de tu corazón. Ve la página 9 para más instrucciones.

Saludos y bendiciones (1:1–14)

Lectura: Amigo y amiga, ¡bendito sea Dios, Padre de nuestro Señor Jesucristo!, quien por medio de Cristo nos ha bendecido a todos con toda clase de bendiciones espirituales del cielo. Es por Cristo que nos ha elegido para que de esa manera fuésemos consagrados por el amor y fuéramos irreprochables en su presencia. Dios nos predestinó a ser hijos adoptivos por medio de Jesucristo según la voluntad eterna de Dios y por su sangre obtuvimos el rescate y el perdón de nuestros pecados. De esta manera, la gracia de Dios se manifiesta y puede derramar sobre todos nosotros toda clase de sabiduría y prudencia. Nuestra salvación se ha dado por una decisión propia de Dios.

Meditación: ¿Qué te dice el texto bíblico en este día? Deja que el Señor te examine por medio de su Palabra. No son palabras del pasado sino del presente. ¿Alguna vez te has puesto a pensar en la profundidad de estas palabras? Para esta breve meditación sería conveniente hacerse dos preguntas y compartir tus reflexiones con los demás: ¿de verdad creo en esta bendición? y ¿vivo como hijo o hija adoptiva de Dios?

Oración: Después de la meditación pasamos al momento de la oración. ¿Qué le vas a decir al Señor como respuesta a su Palabra? Ofrécele un momento de silencio.

Contemplación: ¿Qué conversión de la mente, del corazón y de tu vida te pide el Señor? ¡Amigo y amiga, dale tu mente, tu corazón y tu vida al Señor! Solo Él sabe lo que hay en tu corazón, ¡no tengas miedo!

Acción: En este último paso de la *lectio* la pregunta fundamental es: ¿qué acciones vas a emprender hoy para poner en práctica este mensaje? Que el Señor te conceda las gracias que necesitas para encarnar su mensaje y transmitirlo a los demás.

Súplica (1:15–23)

Lectura: Amigo y amiga, en esta súplica Pablo pide a Dios Padre que conceda a los efesios un Espíritu de sabiduría y revelación que les permita conocerlo verdaderamente. Pide que sus corazones sean iluminados para que puedan valorar las riquezas de Dios. Pide a Dios que les dé sabiduría para que puedan ver la fuerza poderosa de Dios que se manifiesta a través de la resurrección de Cristo.

Meditación: ¿Qué te dice el texto bíblico en este día? Deja que el Señor te examine por medio de su Palabra. No son palabras del pasado sino del presente. Sería importante en este momento meditar sobre el poder de Espíritu Santo en nuestras vidas. Todos en el bautismo recibimos el Espíritu de Dios; es este Espíritu el que nos ayuda en el conocimiento de la verdad plena. Es mediante la oración que invocamos al Espíritu para que encienda y alimente dentro de nuestros corazones esa llama de amor por Dios. Amigo y amiga, ¿invocas al Espíritu Santo en tu oración diaria? ¿Pides sabiduría y revelación para comprender el amor de Cristo? Comparte con los demás tus experiencias.

Oración: Después de la meditación pasamos al momento de la oración. ¿Qué le vas a decir al Señor como respuesta a su Palabra? Ofrécele un momento de silencio.

Contemplación: ¿Qué conversión de la mente, del corazón y de tu vida te pide el Señor? ¡Amigo y amiga, dale tu mente, tu corazón y tu vida al Señor! Solo Él sabe lo que hay en tu corazón, ¡no tengas miedo!

Acción: En este último paso de la *lectio* la pregunta fundamental es: ¿qué acciones vas a emprender hoy para poner en práctica este mensaje? Que el Señor te conceda las gracias que necesitas para encarnar su mensaje y transmitirlo a los demás.

De la muerte a la vida (2:1–10)

Lectura: Amigo y amiga, Dios rico en misericordia, por el gran amor que nos tuvo, nos hizo revivir a todos en Cristo. ¡Hemos sido salvados gratuitamente! De esta manera Dios nos ha revelado la extraordinaria riqueza de su gracia y su infinita bondad. Todos hemos sido salvados por la fe y no por mérito propio; todo se debe a la gracia de Dios. De esta manera, podemos ver que somos obra suya y creados por medio de Cristo Jesús para que así podamos realizar las buenas acciones de Dios. Esa es nuestra misión.

Meditación: ¿Qué te dice el texto bíblico en este día? Deja que el Señor te examine por medio de su Palabra. No son palabras del pasado, sino del presente. Hemos sido salvados gratuitamente porque Dios nos ama. ¿Cómo sabemos que Dios nos ama? Por Cristo Jesús. Amigo y amiga, Cristo es la respuesta definitiva del plan de amor de Dios. ¿Cuántas veces nos dejamos seducir por tonterías? ¿Cuántas veces nos hemos pasado la vida buscando la respuesta a nuestras miserias? Cristo es la respuesta. La pregunta para esta meditación es, ¿cómo te vas a dejar arrebatar por el amor de Dios en Cristo Jesús? Comparte tu reflexión con los demás.

Oración: Después de la meditación, pasamos al momento de la oración. ¿Qué le vas a decir al Señor como respuesta a su Palabra? Ofrécele un momento de silencio.

Contemplación: ¿Qué conversión de la mente, del corazón y de tu vida te pide el Señor? ¡Amigo y amiga, dale tu mente, tu corazón y tu vida al Señor! Solo Él sabe lo que hay en tu corazón, ¡no tengas miedo!

Acción: En este último paso de la *lectio* la pregunta fundamental es: ¿qué acciones vas a emprender hoy para poner en práctica este mensaje? Que el Señor te conceda las gracias que necesitas para encarnar su mensaje y transmitirlo a los demás.

Misión de Pablo (3:1-13)

Lectura: Amigo y amiga, Pablo se ve a sí mismo como el apóstol de los paganos para anunciarles el secreto y misterio de Dios, Cristo Jesús. Él considera su llamado como un don de la gracia de Dios; algo que le fue encomendado. Está llamado a revelar a los demás la riqueza inimaginable de Cristo. No se desanima a causa de los sufrimientos que padece por todos ellos y les pide que no se desanimen, más bien, deben sentirse orgullosos de sus sufrimientos.

Meditación: ¿Qué te dice el texto bíblico en este día? Deja que el Señor te examine por medio de su Palabra. No son palabras del pasado sino del presente. Pablo nos presenta lo que es el corazón del auténtico misionero de la Palabra de Dios. Pablo ve todo como un gran don de Dios; la gracia de Dios en Pablo lo consume por comunicar la Buena Nueva. Su corazón se ha transformado de tal manera que todo lo que hace es por amor a Cristo. Los sufrimientos que padece con gusto los toma porque sabe que es por la salvación de las almas. Cuántas veces nos quejamos de nuestras labores en la Iglesia. ¡Nos sentimos los pobrecitos! Nos autocompadecemos y hasta podemos llegar a decirnos: ¡Ay de mí, si solo tuviera esto o aquello podría hacer tantas cosas! Amigo y amiga, ¡si tú eres uno de los que tanto se quejan, despierta! ¿Estás dispuesto a renovar tu compromiso con la misión de la Iglesia? Comparte tus reflexiones con los demás.

Oración: Después de la meditación pasamos al momento de la oración. ¿Qué le vas a decir al Señor como respuesta a su Palabra? Ofrécele un momento de silencio.

Contemplación: ¿Qué conversión de la mente, del corazón y de tu vida te pide el Señor? ¡Amigo y amiga, dale tu mente, tu corazón y tu vida al Señor! Solo Él sabe lo que hay en tu corazón, ¡no tengas miedo!

Acción: En este último paso de la *lectio* la pregunta fundamental es: ¿qué acciones vas a emprender hoy para poner en práctica este mensaje? Que el Señor te conceda las gracias que necesitas para encarnar su mensaje y transmitirlo a los demás.

El amor de Cristo (3:14–21)

Lectura: Amigo y amiga, Pablo pide que Cristo habite en nuestros corazones por la fe, que estemos arraigados y cimentados en el amor, para que nosotros al igual que los efesios, logremos comprender la anchura y la longitud, la altura y la profundidad, en una palabra, que conozcamos el amor de Cristo, que supera todo conocimiento humano. Solo así seremos colmados de la plenitud de Dios mismo.

Meditación: ¿Qué te dice el texto bíblico en este día? Deja que el Señor te examine por medio de su Palabra. No son palabras del pasado sino del presente. Para esta meditación es conveniente hacerte la siguiente pregunta, ¿de qué forma le he dado en mi vida prioridad al conocimiento humano sobre el conocimiento de Cristo? Comparte tus reflexiones con los demás.

Oración: Después de la meditación pasamos al momento de la oración. ¿Qué le vas a decir al Señor como respuesta a su Palabra? Ofrécele un momento de silencio.

Contemplación: ¿Qué conversión de la mente, del corazón y de tu vida te pide el Señor? ¡Amigo y amiga, dale tu mente, tu corazón y tu vida al Señor! Solo Él sabe lo que hay en tu corazón, ¡no tengas miedo!

Acción: En este último paso de la *lectio* la pregunta fundamental es: ¿qué acciones vas a emprender hoy para poner en práctica este mensaje? Que el Señor te conceda las gracias que necesitas para encarnar su mensaje y transmitirlo a los demás.

Unidad del cuerpo (4:1–16)

Lectura: Amigo y amiga, Pablo exhorta a los efesios a vivir de acuerdo con la vocación que han recibido. Les pide que sean humildes y amables, que tengan paciencia, que se soporten con amor y que se esfuercen por mantener el vínculo de la paz. Nos da la fórmula de la unidad cristiana: un solo cuerpo, un solo Espíritu, una sola esperanza, un solo Señor, una sola fe, un solo bautismo y un solo Dios.

Meditación: ¿Qué te dice el texto bíblico en este día? Deja que el Señor te examine por medio de su Palabra. No son palabras del pasado sino del presente. Amigo y amiga, la fórmula de la unidad cristiana representa el camino más corto para llegar a la madurez del conocimiento de Cristo. Comparte con los demás las maneras como tú has tratado de vivir cada uno de las caras de esta unidad cristiana que Pablo presenta. Por ejemplo, ¿de qué manera tratas de vivir una sola fe? ¿De qué maneras vives tu bautismo?

Oración: Después de la meditación, pasamos al momento de la oración. ¿Qué le vas a decir al Señor como respuesta a su Palabra? Ofrécele un momento de silencio.

Contemplación: ¿Qué conversión de la mente, del corazón y de tu vida te pide el Señor? ¡Amigo y amiga, dale tu mente, tu corazón y tu vida al Señor! Solo Él sabe lo que hay en tu corazón, ¡no tengas miedo!

Acción: En este último paso de la *lectio* la pregunta fundamental es: ¿qué acciones vas a emprender hoy para poner en práctica este mensaje? Que el Señor te conceda las gracias que necesitas para encarnar su mensaje y transmitirlo a los demás.

ESTUDIO INDIVIDUAL (EF 4:17–6:24)

Día 1: Conducta cristiana (4:17–5:5)

El Apóstol pasa de su enseñanza sobre la unidad del cuerpo a la manera como los cristianos deben vivir. Una vez más el Apóstol los exhorta a no vivir como los paganos; ellos viven con pensamientos inútiles, con una razón oscurecida y alejados de la vida de Dios. Todo esto se debe a la ignorancia y a la dureza de corazón. Los efesios no han aprendido de Cristo la dureza de corazón, sino el despojarse de toda su conducta pasada. Se deben despojar del hombre viejo y renovarse en espíritu y mente; deben revestirse del hombre nuevo, creado a imagen de Dios. La conducta del cristiano es vivir en justicia y santidad. Esto es posible si ellos, y a la vez nosotros, hemos escuchado verdaderamente a Cristo y hemos aprendido la verdad de Él. Por tanto, escuchar, aprender y vivir en la verdad es vivir como un cristiano.

El resultado de revestirnos del corazón y la mente de Cristo es una vida sin mentiras. Es una vida de trabajo, honestidad y de poder socorrer al que se encuentra necesitado. El Apóstol les pide que no entristezcan al Espíritu de Dios; el Espíritu los ha marcado con un sello para que sean rescatados, para que sean salvados. Los ha marcado para Cristo y ahora le pertenecen a Cristo porque llevan su marca. Por último, les pide que vivan felices y eviten todo tipo de amarguras, enojos, pasiones desordenadas, gritos, insultos o cualquier otro tipo de maldad. El cristiano está llamado a ser compasivo con los demás y a perdonar como Dios mismo lo ha perdonado en Cristo.

El cristiano, que es hijo querido de Dios, debe tratar de imitar a Cristo. Si ha recibido el Espíritu de Dios, el cristiano tiene la capacidad para responder al llamado de Dios. El llamado de Dios, que es nuestra vocación, es el amor. Pablo pide a los efesios que sigan el camino del amor, a ejemplo de Cristo que los amó hasta entregarse por ellos y por todos nosotros como una ofrenda y sacrificio de aroma agradable. Vivir a ejemplo de Cristo significa amar hasta el extremo a los demás y de esa manera también ser ofrenda, sacrificio y aroma agradable para Dios Padre. La vocación del cristiano, caminar en el amor, es incompatible con las inmoralidades sexuales, las obscenidades, las estupideces y las groserías que cometen los ignorantes que no conocen a Cristo. Pablo afirma que los cristianos deben alabar a Dios.

Lectio divina

Siguiendo los pasos de la *lectio*, dedica entre 8 y 10 minutos en silencio a meditar, orar y contemplar el siguiente pasaje:

Como hijos queridos de Dios, traten de imitarlo. Sigan el camino del amor, a ejemplo de Cristo que los amó hasta entregarse por ustedes a Dios como ofrenda y sacrificio de aroma agradable (Ef 5:1–2).

Amigo y amiga, ¿qué acciones vas a emprender hoy para poner en práctica este mensaje?

Día 2: El reino de la luz (5:6–21)

El Apóstol, después de haber recordado a los efesios su vocación al amor, ahora hace una comparación de la vida en la luz y la vida en las tinieblas. Les advierte que no se dejen engañar por falsas enseñanzas; les pide que no caigan en la complicidad de los falsos maestros. En un tiempo ellos eran tinieblas, pero ahora son luz por el Señor y por tanto deben vivir como hijos de la luz. Los frutos que deben dar como hijos de la luz son la bondad, la justicia y la verdad. También hace un llamado a que sepan discernir lo que le agrada al Señor y a no participar en actividades que no dan fruto sino muerte.

Los hijos de la luz no hacen cosas a escondidas, sino siempre a la luz; el cristiano es el ejemplo de alguien que ha despertado de la muerte y ha sido iluminado por Cristo Jesús. El Apóstol les pide que se embriaguen con el Espíritu Santo para que puedan entender la voluntad de Dios y que alaben al Señor de todo corazón, con salmos, himnos y cantos. Esta es la manera como viven los hijos de la luz en el Reino de Dios. Por último, les pide que vivan una vida de servicio en atención a Cristo. Los cristianos se deben someter los unos a otros, al igual que Cristo se sometió a la voluntad de Dios Padre.

Lectio divina

Siguiendo los pasos de la *lectio*, dedica entre 8 y 10 minutos en silencio a meditar, orar y contemplar el siguiente pasaje:

> Por lo tanto cuiden mucho su comportamiento, no obren como necios, sino como personas sensatas, que saben aprovechar bien el momento presente porque corren tiempos malos (Ef 5:15–16).

Amigo y amiga, ¿qué acciones vas a emprender hoy para poner en práctica este mensaje?

Día 3: Marido y mujer (5:22–33)

Hasta este momento el Apóstol ha hablado sobre la conducta de los cristianos en el mundo y sobre su realidad como hijos de la luz. Les ha dicho que su vocación es el amor, a ejemplo de Cristo mismo. Ahora se dirige a los matrimonios y habla de la dignidad del matrimonio entre cristianos como un reflejo de la relación de Cristo y su Iglesia. El Apóstol nos presenta la profundidad del matrimonio cristiano, algo que era totalmente revolucionario en su tiempo. En estos breves versículos, Pablo concentra su atención en el núcleo familiar, la Iglesia doméstica (esposos, hijos y esclavos).

Como paréntesis a este texto, vale la pena hacer breve mención de las polémicas que este mensaje ha tenido a través de los tiempos, sobre todo en el presente, por la manera en que Pablo habla del papel de la mujer. Ante todo, debemos tener presente que Pablo no convierte en Palabra de Dios los condicionamientos culturales de su tiempo y de los suyos. Pablo utiliza el mejor vocabulario con el que cuenta en ese momento. La palabra "sometimiento" hiere las sensibilidades de la mayoría de los lectores modernos. Por otra parte, Pablo no está dando consejería matrimonial. Si Pablo viviera en nuestro tiempo, sería uno de los máximos defensores de los derechos y valores de la mujer, sería un auténtico feminista cristiano. Lo que Pablo está haciendo es presentar el matrimonio cristiano como sacramento de salvación, como imagen del amor de Cristo por su Iglesia. Es ilógico querer aplicar conceptos, palabras, técnicas de expresión del tiempo contemporáneo a Pablo, un hombre producto de la cultura del siglo primero. Pablo nos da las semillas de la teología del matrimonio cristiano.

Ahora, retomando el breve comentario al texto, podemos ver que Pablo primero se dirige a la esposa (la mujer) con una exhortación. La mujer debe respetar al marido como al Señor. Es importante notar que el Apóstol después de esta exhortación da una explicación de lo que significa el respeto de la mujer hacia el marido en relación con la naturaleza de la Iglesia. ¿Por qué dice esto? La familia es la Iglesia doméstica. Pablo afirma que el marido es cabeza de la mujer como Cristo es cabeza y salvador de la Iglesia, que es su cuerpo. De tal manera, la mujer debe respetar en todo a su marido tal como la Iglesia se somete completamente a Cristo.

Después Pablo se dirige al esposo, al hombre, y le pide que ame a su esposa tal como Cristo amó a la Iglesia y se entregó por ella. Cristo se entrega a ella para limpiarla con el baño del agua (bautismo–sacramento) y palabra; de esta manera, la consagra para presentarla gloriosa sin mancha, ni arruga sino santa e irreprochable. Esta es la manera como los maridos tienen que amar a sus esposas. ¡Las tienen que amar como a su propio cuerpo! El Apóstol afirma que quien ama a su mujer se ama a sí mismo; nadie puede aborrecer a su propio cuerpo, todo lo contrario, lo alimenta y lo cuida tal como hace Cristo por la Iglesia. Eso es lo que hace Cristo por nosotros, miembros de su cuerpo. Por tanto, se puede apreciar que el papel del hombre en el matrimonio es amar hasta al extremo a su mujer y cuidarla como la joya más preciosa; no dejar que nada dañe su pureza y dignidad, en otras palabras, ayudarla a ser santa.

Por último, el Apóstol afirma que el hombre dejará a su padre y a su madre, y se unirá a su mujer y de esta manera los dos serán una sola carne. La experiencia del amor conyugal es imagen de la relación de Cristo con su Iglesia. Este amor entre el hombre y la mujer es símbolo y presencia sacramental del amor entre Cristo y su Iglesia. El Apóstol, al contemplar la gran dignidad del matrimonio entre un hombre y una mujer, lo llama símbolo magnifico y él lo aplica a Cristo y la Iglesia. Es así como los esposos deben vivir: amándose incondicionalmente.

Lectio divina

Siguiendo los pasos de la *lectio*, dedica entre 8 y 10 minutos en silencio a meditar, orar y contemplar el siguiente pasaje:

> Maridos, amen a sus esposas como Cristo amó a la Iglesia y se entregó por ella, para limpiarla con el baño del agua y la palabra, y consagrarla, para presentar una Iglesia gloriosa, sin mancha ni arruga ni cosa semejante, sino santa e irreprochable (Ef 5:25–27).

Amigo y amiga, ¿qué acciones vas a emprender hoy para poner en práctica este mensaje?

Día 4: Hijos y esclavos (6:1–9)

Ahora el Apóstol habla sobre los hijos y los esclavos. Exhorta a los hijos a que obedezcan a sus padres, en atención al Señor, ya que esto es lo justo. El Apóstol habla de la promesa de vida que tiene este mandamiento. También les pide a los padres que no hagan enojar a sus hijos; deben educarlos en las virtudes y en el amor de Dios. Esta es la labor de los padres. En cuanto a los esclavos, les pide que obedezcan con sinceridad a sus amos. Les dice que sirvan a sus amos como si sirviesen a Cristo mismo. Les pide a los amos que traten a sus esclavos con amor y dignidad. A final de cuentas, dice Pablo, todos somos siervos de un Dios que nos ama. Este Dios no hace distinciones como nosotros los seres humanos.

Lectio divina

Siguiendo los pasos de la *lectio*, dedica entre 8 y 10 minutos en silencio a meditar, orar y contemplar el siguiente pasaje:

> Amos, compórtense con sus siervos del mismo modo, y dejen de lado las amenazas, conscientes de que tanto ellos como ustedes

tienen el mismo Señor que está en el cielo y que no hace distinción de personas (Ef 6:9).

Amigo y amiga, ¿qué acciones vas a emprender hoy para poner en práctica este mensaje?

Día 5: Lucha contra el mal y saludo final (6:10–24)

Pablo anima a los efesios a fortalecerse con el Señor y su fuerza poderosa. El Apóstol utiliza un lenguaje militar para explicar el tipo de batalla en que se encuentra el cristiano. El genio del Apóstol es darle un sentido cristiano a los elementos de batalla de los legionarios romanos. El cristiano debe verse a sí mismo como un miembro de la legión de Cristo y no del emperador. Les pide que se vistan de la armadura de Dios, que los protege de todo engaño del maligno. Les advierte que no están luchando contra personas de carne y hueso, sino contra seres espirituales. Esta es la razón por la que el cristiano necesita la protección de Dios mismo para esta batalla. Les pide que se revistan de la armadura de Dios. Deben tomar las armas de Dios: ceñirse el cinturón de la verdad, la coraza de la justicia y las sandalias del celo. Siguiendo con esta imagen, agrega que deben defenderse con el escudo de la fe, ponerse el casco de la salvación y empuñar la espada del Espíritu, que es la Palabra de Dios.

Las armas del cristiano son la verdad, la justicia, el celo por propagar la Buena Nueva de la paz, la fe, la salvación y la Palabra de Dios. El cinturón de la verdad es la manera como el cristiano se presenta ante los demás y vive su vida; esta es la manera como el cristiano rescata a los caídos y los amarra para que no caigan al precipicio. Con la coraza en el pecho, muestran la justicia de Dios y su marcha anuncia a todos la Buena Nueva. Con el escudo de la fe se cubren de los ataques del enemigo, o sea, de las mentiras que los buscan destruir. Los legionarios romanos utilizaban escudos de gran calidad los cuales eran muy resistentes. Era la gran protección de un soldado romano. El casco simboliza la pertenencia del cristiano: pertenece a Cristo que lo ha ungido. Y la espada es la herramienta con la cual la Palabra de Dios vence a los enemigos.

El Apóstol pide a los efesios que permanezcan despiertos en oración y siempre animados por el Espíritu. Deben orar siempre con todos los hermanos en la fe. Les pide que oren por él para que, cuando predique, se le conceda el don de la palabra y pueda presentar libremente el misterio de la Buena Nueva, Jesucristo. Por último, en su saludo final, les comunica que Tíquico, hermano y siervo fiel del Señor, les dará noticias de él. Se despide con el saludo de paz, amor y fe de parte de Dios Padre y del Señor Jesucristo. Invoca la gracia del Señor para todos ellos de forma que puedan amar a Jesucristo con amor puro y santo.

Lectio divina

Siguiendo los pasos de la *lectio*, dedica entre 8 y 10 minutos en silencio a meditar, orar y contemplar el siguiente pasaje:

> Porque no estamos luchando contra seres de carne y hueso, sino contra las autoridades, contra las potestades, contra los soberanos de estas tinieblas, contra las fuerzas espirituales del mal (Ef 6:12).

Amigo y amiga, ¿qué acciones vas a emprender hoy para poner en práctica este mensaje?

Preguntas de reflexión

1. ¿De qué maneras crees que toda la Iglesia puede hacer un mejor papel para fomentar y animar a los feligreses a vivir una conducta más cristiana?
2. En varios momentos de nuestra vida todos caemos en momentos de oscuridad. En el bautismo hemos recibido la luz eterna de Cristo. ¿Conoces a personas que mediante su vida reflejan que son hijos e hijas de la luz? ¿Por qué? Y tú, ¿de qué manera puedes reflejar más esa luz que recibiste en el bautismo?
3. ¿Qué es lo que más te llamó la atención de la manera en que Pablo habla sobre los esposos y su relación con Cristo y su Iglesia?

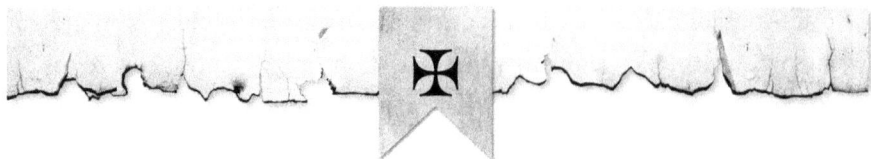

Primera Carta a Timoteo: la sana enseñanza

1 TIMOTEO

"Grande es, sin duda, el misterio de nuestra religión: Cristo se manifestó corporalmente, su causa triunfó gracias al Espíritu, se apareció a los ángeles, fue proclamado a los paganos, fue creído en el mundo y exaltado en la gloria" (1 Tim 3:16).

Oración inicial (ver página 17)

Contexto

Parte 1. 1 Timoteo 1:1–4:16: El Apóstol se presenta como enviado de Cristo Jesús por un mandato de Dios salvador "nuestro" y de Cristo Jesús "nuestra" esperanza. Después del saludo pasa inmediatamente a abordar la problemática de los falsos maestros. Después el autor da instrucciones a Timoteo. Habla sobre la oración y sobre el comportamiento de los hombres y las mujeres en la oración y la asamblea. El autor especifica los requisitos para ser obispo y para ser diácono. Presenta los deberes de Timoteo como el pastor de la comunidad y la conducta personal de un ministro de Dios.

Parte 2. 1 Timoteo 5:1–6:21: El Apóstol describe el ministerio de las viudas y de los ancianos o presbíteros. A los que están bajo el yugo de la esclavitud, los esclavos, les dice que deben considerar a sus amos dignos de todo respeto. Vuelve a hablar sobre la polémica con los falsos maestros y acusa a la codicia como la raíz de todos los males. Por último, da unos últimos encargos a Timoteo. Llama a Timoteo "hombre de Dios" y le pide que huya de todo lo malo y que se aferre a la vida eterna. El Apóstol le pide que conserve el mandato recibido de Cristo Jesús sin mancha hasta que aparezca nuestro Señor Jesucristo. La carta termina con una posdata.

ESTUDIO EN GRUPO (1 TIM 1:1–4:16)

Leer texto en voz alta.

1:1–11: Saludo y los falsos maestros

El Apóstol se presenta como enviado de Cristo Jesús por un mandato de Dios salvador "nuestro" y de Cristo Jesús "nuestra" esperanza. Le envía su saludo a Timoteo a quien considera su hijo, engendrado por la fe. Invoca la gracia, la misericordia y la paz de Dios Padre y de Cristo Jesús Señor nuestro. Vale la pena notar que el Apóstol llama a Dios "salvador" y a Jesucristo "nuestra esperanza". Pablo se presenta como un auténtico Apóstol enviado por el mismo Cristo Jesús y por mandato de Dios. No hay acción de gracias en esta carta.

El Apóstol le recuerda a Timoteo que se quedará en Éfeso para cuidar que algunos no enseñen doctrinas extrañas. Tales doctrinas enseñaban cosas fantasiosas y creaban controversias, y no presentaban el plan de salvación de Dios basado en la fe. El Apóstol es muy claro en expresar el propósito de su carta: suscitar el amor que brota de un corazón limpio, de una buena consciencia y de una fe sincera. Los que se han apartado de este camino, han caído en discursos sin fundamento y pretenden ser doctores de la Ley sin saber lo que dicen y sin entender lo que enseñan con tanta seguridad. El Apóstol habla sobre las ventajas de la Ley, la cual permite guardar cierto orden para el bien común. La ley está contra todo aquello que se opone a una ortodoxa enseñanza. Esta enseñanza se encuentra en la Buena Nueva. La Buena Nueva revela la gloria de Dios.

1:12-20: Pablo y Timoteo

El Apóstol hace una confesión de su vida anterior al encuentro con Jesucristo resucitado. Da gracias a Cristo Jesús Señor nuestro porque lo ha fortalecido y porque se ha fiado de él para tomarlo como servidor a pesar de sus blasfemias, persecuciones e insolencias anteriores. El Apóstol afirma que Jesucristo tuvo compasión de él ya que perseguía a la Iglesia por ignorancia y falta de fe. Le dice a Timoteo cómo el Señor le dio la gracia, la fe y el amor de Cristo Jesús para enviarlo a su misión. Cristo Jesús mismo ha tenido paciencia y compasión de Él y de esta manera el Apóstol se ha convertido en ejemplo del poder de Dios para todos los demás. Por último, el Apóstol le da instrucciones a Timoteo para que luche con fe y buena conciencia y no abandone las enseñanzas recibidas (Cristo vino al mundo para salvar a los pecadores) como aquellos que han naufragado en la fe. Pablo transmite la tarea del servicio apostólico a Timoteo en una especie de sucesión legítima. Pablo fue enviado por Jesucristo mismo y ahora él, en virtud de la autoridad recibida, envía a Timoteo.

2:1-7: Sobre la oración

El principal deber de la comunidad es la oración. En este texto el Apóstol nos da una idea de la manera en que oraban los primeros cristianos y también por quién rezaban. El Apóstol afirma que es bueno y aceptable hacer oración a Dios nuestro salvador. El Apóstol también menciona una de las convicciones más antiguas del cristianismo: Dios quiere que todos los hombres se salven y lleguen al conocimiento de la verdad. La oración del cristiano es por la comunidad y por la misión universal de la Iglesia, para que todos tengan oportunidad conocer a Dios. Los cristianos oraban por las autoridades civiles para que experimentaran la conversión de corazón y vivieran una vida digna del cargo público recibido.

El Apóstol afirma que hay un solo Dios y un solo mediador: Cristo Jesús, verdadero hombre, que se entregó como rescate por todos. Esto lo hizo conforme al plan de salvación de Dios en el momento oportuno. El Apóstol manifiesta que él ha sido nombrado su heraldo y servidor para ser maestro de los paganos en la fe y en la verdad. El Apóstol dice esto para manifestar su preocupación por la salvación de todos los paganos.

2:8-15: Sobre el comportamiento de los hombres y las mujeres

Lo que el Apóstol dice en esta parte de la carta se limita, en primer lugar, al comportamiento en las asambleas de oración. Es lamentable que para finales del siglo I y principios del siglo II, la mujer haya sido reducida al silencio en la asamblea litúrgica. Este es un silencio que duró por muchos siglos, sin embargo, en nuestros días esto ya no sucede. Remontándonos un poco al tiempo de Pablo, podemos afirmar que en las Iglesias paulinas había mujeres que dirigían las asambleas de oración, mujeres profetas (1 Cor 11:3-5), diaconisas (Rom 16:1) y hasta líderes capaces de explicar con gran exactitud el camino de Dios (Hch 18:26). En el pensamiento de Pablo, la enseñanza de no más distinciones entre hombres y mujeres, y entre judíos y griegos era un imperativo.

En este texto vemos un reflejo del mundo patriarcal de este tiempo y los prejuicios ancestrales contra las mujeres. Expresiones como "No permito que la mujer enseñe ni que domine al hombre. Que se mantenga en silencio" (1 Tim 2:12-13) son totalmente inaceptables en la enseñanza y práctica del Evangelio de Jesucristo. Con un lenguaje alto en prejuicios y muy limitado, lo que el autor a final de cuentas trata de comunicar es la corrección de posibles brotes de inestabilidad en la comunidad que ponían en peligro la unidad y armonía entre los cristianos.

3:1-13: Categorías diversas

El Apóstol sigue con su exhortación sobre la armonía y el orden en la comunidad. Ahora pasa su atención a los obispos y a los diáconos. Es pertinente aclarar que ambos títulos, *epískopoi* (obispos) y *diakonoi* (diáconos) proceden del mundo civil y religioso griego. Los cristianos adoptan estos títulos y les dan un sentido cristiano para designar a sus líderes en la comunidad. Originalmente el obispo era el "supervisor" y el diácono, el "servidor". En esta carta se puede notar el desarrollo de la organización interna de la Iglesia de una manera más sofisticada que en el tiempo de Pablo. La misión principal del supervisor es cuidar a la comunidad. El obispo es el líder de la Iglesia local y el diácono su asistente. Junto al obispo y al diácono también se contaba con otros líderes tales como apóstoles, profetas, evangelistas y maestros. Con el pasar del tiempo, el liderazgo en la Iglesia local se va a concentrar en el obispo, el presbítero y el diácono.

El Apóstol nos da una lista de los requisitos para aquellos que aspiran a ser obispos: intachables, fieles a su mujer, sobrios, modestos, corteses, hospitalarios, buenos maestros, no bebedores, amables, pacíficos, desinteresados, con una familia integra, buenos educadores de sus hijos, dignos. La pregunta del Apóstol es que si el que aspira a ser obispo no puede gobernar a su familia, ¿cómo va a gobernar a la Iglesia local? También esa persona debe tener buena reputación en la comunidad y no encontrarse desacreditado. Como podemos observar, muchas de las características de los obispos de este tiempo son diferentes a las de los obispos en la actualidad, sobre todo el estar casados y con hijos. El celibato no es un mandato del Señor para sus ministros, sino una ley eclesiástica que tardó siglos en aplicarse a toda la Iglesia.

El Apóstol también da una lista de los requisitos para aquellos que aspiran a ser diáconos. Ser hombres respetables, de palabra, no bebedores ni dados a ganancias deshonestas, conservadores del misterio de la fe con una consciencia limpia, irreprochables y probados en todo. Los diáconos deben ser fieles a sus mujeres, buenos padres y esposos en el hogar. El Apóstol aclara que los que ejercen bien el diaconado alcanzarán un rango elevado y autoridad en cuestiones de la fe cristiana. Se puede apreciar que las cualidades que el Apóstol menciona para la selección de obispos y diáconos no son para nada extraordinarias. A final de cuentas, los que aspiran a este tipo de autoridad deben ser modelos de conducta cristiana.

3:14–4:6: Misterio cristiano, falsos maestros y los deberes de Timoteo como pastor de la comunidad

Después de presentar las cualidades para los obispos y los diáconos, el Apóstol habla sobre el misterio cristiano. En la mente del Apóstol, la casa de Dios es la Iglesia del Dios vivo. Esta casa es la columna y base de la verdad, y afirma que el misterio de la religión cristiana es grande ya que Cristo se manifestó corporalmente. La causa de Cristo triunfó gracias al Espíritu; Cristo se apareció a los ángeles, fue proclamado a los paganos y aceptado en todo el mundo, y ha sido exaltado en la gloria. Este es el encargo que el Apóstol le hace a Timoteo, que ahora pasa a ser el delegado de Pablo que espera volver pronto. Lo que vemos en este texto es el traspaso de la autoridad única y apostólica de Pablo a Timoteo, quien pertenece a la segunda generación de cristianos. El himno que aparece en esta carta es un resumen de la fe cristiana. Timoteo tiene la tarea de conservar y enseñar esta verdad de fe que le ha sido entregada y confiada para la salvación de las almas.

Una vez hecho el traspaso de la autoridad apostólica a Timoteo, ahora el Apóstol le dice sus deberes como pastor. Le advierte que en el futuro algunos se desviarán de la fe y se entregaran a enseñanzas erróneas. El Apóstol, al mencionar las maneras como algunos se desviarán de la fe, expresa la realidad que ya se empezaba a ver en las comunidades, esto es, el gnosticismo. El deber de Timoteo, como pastor de la comunidad, consistirá en cuidar que los fieles no sean seducidos por enseñanzas erróneas que confundan a las ovejas de su rebaño. El Apóstol le dice con autoridad a Timoteo: si enseñas la gran bondad y verdad de Dios, serás un buen siervo de Cristo Jesús. La labor del pastor es aclarar que la Palabra de Dios y la oración santifican toda la Creación. No debe existir ninguna enemistad entre la creación y Dios, sobre todo en cuestiones de alimentación y de relaciones sexuales entre esposos. Dios lo ha santificado todo en Cristo Jesús.

4:7–16: Conducta personal de un ministro de Dios

El Apóstol da a Timoteo una descripción sobre la conducta que debe tener un servidor de Dios. El propósito del autor de la carta es exhortar a Timoteo para que toda su persona se convierta en don vivo para su comunidad. Nos presenta cómo ya desde el principio, en la vida de la Iglesia, era de suprema importancia contar con buenos pastores que cuidaran el rebaño que les había sido confiado.

El ministro de Dios debe rechazar las supersticiones y los chismes, más bien debe ejercitarse en la piedad. La piedad encierra una promesa de vida presente y futura. La doctrina cristiana es cierta y absolutamente digna de fe. Los cristianos ponen su esperanza en el Dios vivo que los ha salvado y de manera especial a los creyentes. Es interesante que el Apóstol recomiende a Timoteo no permitir que nadie lo desprecie por ser joven y que procure ser modelo de fidelidad a la Palabra, en su conducta, en el amor, la fe y la pureza. Muy probablemente Timoteo era considerado muy joven para ocupar un cargo tan importante.

El Apóstol le vuelve a decir que se dedique a instruirse, exhortar y enseñar hasta que él regrese. Le pide que no descuide el don espiritual que posee. Este don lo recibió por medio de la imposición de manos. Esto nos da una clara indicación, como diríamos en la actualidad, de que fue ordenado para el ministerio apostólico por los presbíteros mediante la imposición de las manos. Le pide el Apóstol que cuide y se ocupe de este don de manera que todos puedan ver su progreso. Le pide también que cuide su persona, su enseñanza y que sea constante. Esta es la manera como Timoteo y sus oyentes llegarán a la salvación. En estas palabras, el Apóstol manifiesta una realidad: el líder crece en la fe junto con su pueblo. El líder debe preocuparse tanto de su santificación personal como de la santificación de las almas que están a su cuidado.

Preguntas de reflexión

1. El Apóstol habla sobre los cristianos que oraban por sus gobernantes y autoridades para que tuvieran una conversión. ¿Haces oración por tus autoridades de manera cotidiana?
2. El Apóstol presenta las cualidades que necesitan quienes aspiran a ser obispos y diáconos. ¿Qué cualidades te llamaron más la atención y por qué?
3. ¿Qué es lo que más te llamó la atención de la manera en que el Apóstol explica cómo debe ser la conducta de un ministro de Dios?

Oración final (ver página 17)

La oración final se dice antes o después del ejercicio de *lectio divina*.

Lectio divina (ver página 9)

Relaja tu cuerpo y mantén una postura de oración (sentado, ojos cerrados, ambos pies en el piso). Este ejercicio puede tomar el tiempo que sea necesario. En el contexto de este estudio de Biblia, de 10 a 20 minutos son suficientes. El propósito de la *lectio divina* es ayudarte a entrar en la dinámica de la lectura orante mediante la meditación, la oración y la contemplación de la Palabra de Dios; que puedas entablar un diálogo con Dios en lo más íntimo de tu corazón. Ve la página 9 para más instrucciones.

Sobre la oración (2:1–7)

Lectura: Amigo y amiga, el Apóstol afirma que Dios nuestro salvador quiere que todos los hombres se salven y lleguen al conocimiento de la verdad. No hay más que un solo Dios y un solo mediador, Cristo Jesús, verdadero hombre, que se entregó en rescate por todos en el momento oportuno de la historia.

Meditación: ¿Qué te dice el texto bíblico en este día? Deja que el Señor te examine por medio de su Palabra. No son palabras del pasado sino del presente. Las palabras del Apóstol son claras: Dios, que nos ama tanto, quiere que todos se salven y lleguen al conocimiento de la verdad. El cristianismo profesa que la verdad es Dios hecho carne, Jesucristo. No hay otra verdad y todo lo que se proclame como diferente a esta verdad es una mentira. La única verdad que salva al ser humano es Jesucristo; toda salvación, por tanto, es a través de Jesucristo. Amigo y amiga, ¿estás convencido de esta realidad? Si lo estás, ¿de qué maneras vives y profesas esta verdad? Comparte con los demás en este momento.

Oración: Después de la meditación pasamos al momento de la oración. ¿Qué le vas a decir al Señor como respuesta a su Palabra? Ofrécele este momento de silencio.

Contemplación: ¿Qué conversión de la mente, del corazón y de tu vida te pide el Señor? ¡Amigo y amiga, dale tu mente, tu corazón y tu vida al Señor! Solo Él sabe lo que hay en tu corazón, ¡no tengas miedo!

Acción: En este último paso de la *lectio* la pregunta fundamental es: ¿qué acciones vas a emprender hoy para poner en práctica este mensaje? Que el Señor te conceda las gracias que necesitas para encarnar su mensaje y transmitirlo a los demás.

Los deberes de Timoteo como pastor de la comunidad (4:1–6)

Lectura: Amigo y amiga, el Apóstol asegura a Timoteo que el Espíritu dice expresamente que en el futuro algunos renegarán de la fe y se entregarán a espíritus engañosos y enseñanzas demoniacas. Estas personas se dejarán seducir por la hipocresía de impostores que tienen la conciencia marcada a fuego.

Meditación: ¿Qué te dice el texto bíblico en este día? Deja que el Señor te examine por medio de su Palabra. No son palabras del pasado sino del presente. Lo mismo que el Apóstol le decía a Timoteo sigue sucediendo en nuestras comunidades. Es lamentable ver cómo muchos cristianos se han dejado seducir por impostores que son guiados por el espíritu del mal. Muchos han renegado de la fe y se han entregado a tantas prácticas que, según ellos, son prácticas cristianas. Amigo y amiga, ¿qué te dicen estas palabras en este momento? ¿De qué manera toca la Palabra tu corazón? Comparte con los demás tus reflexiones.

Oración: Después de la meditación pasamos al momento de la oración. ¿Qué le vas a decir al Señor como respuesta a su Palabra? Ofrécele este momento de silencio.

Contemplación: ¿Qué conversión de la mente, del corazón y de tu vida te pide el Señor? ¡Amigo y amiga, dale tu mente, tu corazón y tu vida al Señor! Solo Él sabe lo que hay en tu corazón, ¡no tengas miedo!

Acción: En este último paso de la *lectio* la pregunta fundamental es: ¿qué acciones vas a emprender hoy para poner en práctica este mensaje? Que el Señor te conceda las gracias que necesitas para encarnar su mensaje y transmitirlo a los demás.

Conducta personal de un ministro de Dios (4:7–16)

Lectura: Amigo y amiga, el Apóstol le hace una importante recomendación a Timoteo: que nadie lo desprecie por ser joven y que procure ser modelo para los creyentes en la Palabra de buena conducta, de amor, de fe y de pureza. Le pide también que no descuide el don espiritual que posee; más bien debe nutrirlo diariamente.

Meditación: ¿Qué te dice el texto bíblico en este día? Deja que el Señor te examine por medio de su Palabra. No son palabras del pasado sino del presente. En esta meditación sería conveniente reflexionar sobre la realidad del joven en nuestra Iglesia. Si eres joven, ¿te sientes menos antes los demás a causa de tu edad? Si no eres físicamente joven, ¿menosprecias lo que los jóvenes pueden aportar a la Iglesia? El joven es idealista por naturaleza, le gusta soñar y hacer todo lo que sus fuerzas le permitan. Juan Pablo II animaba a los jóvenes a ser verdaderos testigos del Evangelio, los animaba a tomar el reto de ser santos. Amigo y amiga joven, ¿has tenido miedo al compromiso de vivir tu fe? ¿Por qué? Y a los no muy jóvenes, ¿han hecho a un lado al joven? ¿Por qué? Tomen un momento para compartir sus reflexiones

Oración: Después de la meditación pasamos al momento de la oración. ¿Qué le vas a decir al Señor como respuesta a su Palabra? Ofrécele este momento de silencio.

Contemplación: ¿Qué conversión de la mente, del corazón y de tu vida te pide el Señor? ¡Amigo y amiga, dale tu mente, tu corazón y tu vida al Señor! Solo Él sabe lo que hay en tu corazón, ¡no tengas miedo!

Acción: En este último paso de la *lectio* la pregunta fundamental es: ¿qué acciones vas a emprender hoy para poner en práctica este mensaje? Que el Señor te conceda las gracias que necesitas para encarnar su mensaje y transmitirlo a los demás.

ESTUDIO INDIVIDUAL (1 TIM 5:1–6:21)

Día 1: Sobre las viudas (5:1–16)

Las viudas se encontraban entre las personas más desamparadas de las sociedades patriarcales. Debido a que carecían del cuidado y protección de su esposo, estaban a merced de otras personas. En el Antiguo Testamento, las viudas junto con los huérfanos recibían protección. El pueblo de Israel, por lo menos en la ley escrita, siempre se preocupó de asistir a las viudas. Cuando no eran protegidas, los profetas hacían tales denuncias. Los cristianos, herederos del Reino de Dios en Jesucristo, siguen teniendo la misma preocupación por las viudas y los huérfanos.

El Apóstol distingue varios grupos de viudas: las más jóvenes que viven licenciosamente, otras que viven con sus familiares y cuidan de ellos, las que viven de la caridad de otras familias cristianas y las desamparadas que viven de las limosnas. El Apóstol también menciona a un grupo de viudas, las que tienen sesenta años. Según el Apóstol, en la lista de viudas deben estar únicamente las que hayan cumplido sesenta años, que hayan sido fieles a sus maridos y que sean conocidas por sus buenas obras: haber criado a sus hijos, ser hospitalarias y serviciales. Muy probablemente este grupo desempeñaba algunas funciones en la comunidad. Al parecer, las primeras comunidades cristianas tenían en gran estima la sabiduría de la que había hecho acopio un determinado grupo de viudas.

Lectio divina

Siguiendo los pasos de la *lectio*, dedica entre 8 y 10 minutos en silencio a meditar, orar y contemplar el siguiente pasaje:

> Si uno no cuida de los suyos, especialmente de los que viven en su casa, ha renegado de la fe y es peor que un incrédulo (1 Tim 5:8).

Amigo y amiga, ¿qué acciones vas a emprender hoy para poner en práctica este mensaje?

Día 2: Ancianos o presbíteros (5:17–25)

Los ancianos aparecen en Éfeso como encargados de la comunidad cristiana bajo la autoridad de Pablo. Tal parece que Timoteo estaba por encima de ellos también. Los presbíteros que presiden con acierto merecen su salario. Sus responsabilidades eran la predicación, la enseñanza y aconsejar al líder de la comunidad, en este caso Timoteo. Se puede apreciar en este mensaje la gran responsabilidad de Timoteo, al cual el Apóstol pide que no imponga las manos –ordene– con precipitación. Debe asegurarse de que los candidatos son dignos.

Lectio divina

Siguiendo los pasos de la *lectio*, dedica entre 8 y 10 minutos en silencio a meditar, orar y contemplar el siguiente pasaje:

> Los ancianos que presiden con acierto merecen doble honorario, sobre todo si trabajan en predicar y enseñar (1 Tim 5:17).

Amigo y amiga, ¿qué acciones vas a emprender hoy para poner en práctica este mensaje?

Día 3: Sobre los esclavos (6:1–2)

El contexto en el cual el Apóstol hace estas recomendaciones es el siguiente. La esclavitud era una institución social plenamente asentada en la cultura del tiempo. Los cristianos de ese tiempo poco podían hacer contra ella, tanto desde el punto de vista social como político. El Apóstol pide a los esclavos que consideren a sus amos dignos de todo respeto. Los esclavos que tienen amos creyentes deben servirles con particular esmero por ser creyentes y hermanos en el Señor. Esta es la manera en que el Apóstol trata de mantener la armonía y evitar cualquier desorden interno o represalias por parte de las autoridades civiles.

Lectio divina

Siguiendo los pasos de la *lectio*, dedica entre 8 y 10 minutos en silencio a meditar, orar y contemplar el siguiente pasaje:

Los que están bajo el yugo de la esclavitud han de considerar a sus amos dignos de todo respeto, para que no se hable mal del nombre de Dios ni de nuestra enseñanza (1 Tim 6:1).

Amigo y amiga, ¿qué acciones vas a emprender hoy para poner en práctica este mensaje?

Día 4: Sigue la polémica contra los falsos doctores (6:3–10)

El Apóstol vuelve a uno de los temas de esta carta: las enseñanzas de los falsos maestros. Afirma que quien enseña algo diferente a las palabras saludables del Señor Jesucristo es un vanidoso que no entiende nada y un enfermo de disputas y controversias. Las consecuencias de estas enseñanzas son todo lo que está en contra del espíritu del amor. Estos falsos maestros ven en la religión una fuente de riqueza a lo cual el Apóstol responde que la religión es una fuente de riqueza para quien sabe conformarse, ya que nada trajimos a este mundo y nada nos podremos llevar. Hay que estar contento con tener vestido y alimento.

El Apóstol muy probablemente responde a la soberbia de esos falsos maestros. Ellos se afanan por enriquecerse y por eso caen en tentaciones y trampas con múltiples deseos insensatos. Afirma que la raíz de este gran mal que los acecha es la codicia que los ha alejado de la fe. Las palabras del Apóstol reflejan cómo el afán de lucro vicia la credibilidad del mensaje evangélico y se convierte en signo de escándalo. El apóstol Pablo es el ejemplo de alguien que se ganó el pan con el sudor de su frente para no cobrar por sus servicios a ninguna comunidad. El desprendimiento de Pablo es un testimonio del amor y entrega total por Cristo.

Lectio divina

Siguiendo los pasos de la *lectio*, dedica entre 8 y 10 minutos en silencio a meditar, orar y contemplar el siguiente pasaje:

La raíz de todos los males es la codicia: por entregarse a ella, algunos se alejaron de la fe y se atormentaron con muchos sufrimientos (1 Tim 6:10).

Amigo y amiga, ¿qué acciones vas a emprender hoy para poner en práctica este mensaje?

Día 5: Encargos a Timoteo (6:11–16)

En plena contraposición a los falsos maestros, el Apóstol afirma que todo líder cristiano debe ser un hombre o mujer de Dios para toda la comunidad. ¿Cómo se es un hombre o mujer de Dios? Simplemente llevando una conducta intachable, conforme a lo que nos exige nuestro bautismo. El Apóstol afirma que las cualidades del hombre de Dios son: buscar la justicia, devoción al Señor, fe, amor, paciencia y bondad. También es importante luchar siempre el combate de la fe y darse todo a Cristo Jesús.

Lectio divina

Siguiendo los pasos de la *lectio*, dedica entre 8 y 10 minutos en silencio a meditar, orar y contemplar el siguiente pasaje:

> Tú en cambio, hombre de Dios, huye de todo eso; busca la justicia, la devoción a Dios, la fe, el amor, la paciencia, la bondad (1 Tim 6:11).

Amigo y amiga, ¿qué acciones vas a emprender hoy para poner en práctica este mensaje?

Preguntas de reflexión

1. Las viudas y los huérfanos eran los más desprotegidos en las sociedades patriarcales y aun en nuestro tiempo. ¿De qué maneras ayudas a los más necesitados?
2. ¿Qué es lo que más te llamó la atención del trato que un obispo debe dar a sus presbíteros?
3. ¿Te consideras un hombre o mujer de Dios? ¿Por qué si o por qué no? ¿De qué maneras puedes empezar a vivir el bautismo que recibiste?

Segunda Carta a Timoteo: preocupaciones pastorales y la conducta cristiana

2 TIMOTEO

"Él nos salvó y llamó, destinándonos a ser santos, no por mérito de nuestras obras, sino por su propia iniciativa y gracia, que se nos concede desde la eternidad en nombre de Cristo Jesús" (2 Tim 1:9).

Oración inicial (ver página 17)

Contexto

Parte 1. 2 Timoteo 1:1–2:26: El autor de la carta da su saludo y acción de gracias habituales. Recuerda a Timoteo que él ha recibido la verdadera fe y lo anima para que permanezca fiel al mensaje que ha recibido y a reconocer el sufrimiento por el que deben pasar todos los que predican el mensaje de Cristo Jesús. Al predicar esta Buena Nueva, Timoteo va a recibir la fortaleza que viene de Dios. El autor de la carta, que se presenta como Pablo apóstol de Cristo Jesús, menciona cómo fue que todos lo abandonaron en la provincia de Asia. Sin embargo, una sola persona llamada Onesíforo tuvo piedad de él y lo apoyó en todo.

Pablo anima a Timoteo a que saque fuerzas de los dones que ha recibido de Cristo Jesús. También lo invita a que comparta las penas como un soldado de Cristo. Jesucristo es la Buena Nueva que él predica, Él resucitó de la muerte y es descendiente de David. Esta es la Buena Nueva por la cual sufre Pablo y está en cadenas. Lo sufre todo por Cristo ya que su enseñanza es digna de fe.

Parte 2. 2 Timoteo 3:1-4:22: Pablo exhorta a Timoteo a ser valiente, ya que en los últimos tiempos se presentarán situaciones muy difíciles. Muchos de los hombres se corromperán y actuarán de maneras contrarias a la Buena Nueva. Le pide que se mantenga fiel a las enseñanzas recibidas y a la Sagrada Escritura, ya que esta palabra es inspirada por Dios mismo. El Apóstol le pide, delante de Dios y de Cristo Jesús, que proclame la Palabra y que insista a tiempo y destiempo para reprender y exhortar. Esto es importante porque llegará el día cuando los seres humanos no soporten la sana doctrina y decidan seguir sus bajas pasiones.

Por último, le da algunas recomendaciones y saludos. Le dice que ha llegado la hora de su sacrificio y partida inminente. Pablo ha peleado el buen combate, ha terminado la carrera y ha mantenido la fe. Lo invita a que trate de venir a verlo antes de su partida. También le dice que el Señor es el que lo ha mantenido fuerte en sus momentos de sufrimiento para que pudiera continuar la predicación del Evangelio. Se despide con saludos a sus colaboradores.

ESTUDIO EN GRUPO (2 TIM 1:1-2:26)

Leer texto en voz alta.

1:1-5: Saludo y acción de gracias

El autor, que se presenta como Pablo apóstol de Cristo Jesús, afirma que es apóstol por voluntad Dios según la promesa de vida cumplida por el mismo Cristo Jesús. Su carta es para Timoteo, su querido hijo. El Apóstol invoca la gracia, la misericordia y la paz de Dios Padre y Cristo Jesús Señor nuestro. En la acción de gracias, el Apóstol da gracias al Dios de sus antepasados, esto es, el pueblo judío. Es a este Dios al que sirve con una conciencia limpia. El Apóstol afirma que recuerda las muchas lágrimas de Timoteo y quisiera verlas para llenarse de alegría. También recuerda su fe sincera, esa fe que recibió de sus familiares. En este saludo podemos apreciar un tono más personal del autor ya que al parecer conoce a la familia de Timoteo (Hch 16:1). Timoteo aprendió la fe desde el seno de su familia, mediante su abuela y su madre.

1:6–18: Fiel a la Buena Nueva

El Apóstol pide a Timoteo que reavive el don de Dios que recibió por la imposición de las manos. Podemos apreciar de nuevo que esta es la manera como el Apóstol certifica que Timoteo goza de la autoridad apostólica recibida directamente de un testigo de Cristo resucitado. El Espíritu que Dios le dio es de fortaleza, amor y templanza. Le pide que no se avergüence de dar testimonio ni de Dios y ni de él; por el contrario, Timoteo debe compartir sus sufrimientos por la Buena Nueva, esto es parte de lo que es ser líder y discípulo.

El Apóstol le dice que Dios los ha salvado, llamado y destinado a ser santos por iniciativa propia y completa liberalidad. Esto se les concede desde la eternidad en nombre de Cristo Jesús. Cristo ha destruido la muerte e iluminado la vida mortal por medio de su mensaje. El Apóstol afirma que él es predicador, apóstol y maestro de la Buena Nueva. Por este mensaje él padece, pero no se siente fracasado. Todo lo contrario. Pablo le insiste en que se mantenga fiel a las enseñanzas que Timoteo recibió de él con la fe y el amor de Cristo Jesús. Le pide que guarde el precioso depósito, o sea, el contenido y la riqueza de la fe entregada con la ayuda del Espíritu Santo que habita entre ellos. Es solo mediante la acción del Espíritu Santo que el depósito de la fe apostólica puede ser preservado con fidelidad. Por último, el Apóstol cuenta a Timoteo cómo todos lo abandonaron en Asia; sin embargo, la familia de Onesíforo lo alivió y no se avergonzó de visitarlo en la prisión. Le pide al Señor que tenga misericordia de Onesíforo por lo mucho que lo consoló.

2:1–19: Soldado de Cristo

Es aquí donde el Apóstol aborda el tema central de esta carta, el cual está escrito en un tono de testamento espiritual. Da tres recomendaciones a Timoteo. La primera es que escoja a personas de fiar a quienes pueda trasmitir el legado de la Palabra de Dios que él mismo, Timoteo, recibió públicamente del Apóstol. La segunda recomendación es que se mantenga viva la memoria de Jesús, la memoria del crucificado. El sufrimiento es parte del seguimiento de Jesús. Todos los sufrimientos del apóstol son por la Buena Nueva y de igual manera será para Timoteo y los que él seleccione para la misión evangelizadora de la Iglesia. La tercera recomendación es que combata a los falsos maestros con la doctrina sana. A los falsos maestros se les combate con la fuerza de la Palabra de Dios y no con palabras humanas y profanas. Por tanto, el discípulo debe estar anclado en una comunidad de fe, en la Palabra de Dios y en comunión con Cristo sufriente.

2:20–26: La Iglesia, la casa grande

El apóstol nos presenta una bella imagen de la Iglesia: la casa grande. En esta casa el único dueño es el Señor. El autor le da más recomendaciones a Timoteo sobre la manera como debe conducirse por el bien de toda la comunidad. Le pide que huya de las pasiones juveniles y que viva como discípulo de Cristo: con justicia, fe, amor y paz. Le pide que evite entrar en peleas ya que un siervo, un ministro del Señor no ha de involucrarse en ningún tipo de peleas. El siervo del Señor debe ser modelo de conducta para los demás. Debe ser capaz de amonestar con caridad y ayudar a las personas a llegar a un verdadero arrepentimiento y conocimiento de la verdad de Dios.

Preguntas de reflexión

1. Timoteo aprendió la fe desde el hogar, por medio de su abuela y madre. ¿Tú donde aprendiste la fe? ¿De qué maneras te comunicaron la fe?
2. El apóstol afirma que Dios nos ha salvado, llamado y destinado a ser santos por gracia e iniciativa suya en nombre de Cristo Jesús. ¿Cómo va tu camino hacia la santidad hasta este momento? ¿De qué maneras estás respondiendo a ese llamado a la santidad que empezó en el bautismo?
3. ¿Conoces a personas a las que se pueda llamar sin temor de dudas "soldados de Cristo"? ¿Por qué?

Oración final (ver página 17)

La oración final se dice antes o después del ejercicio de *lectio divina*.

Lectio divina (ver página 9)

Relaja tu cuerpo y mantén una postura de oración (sentado, ojos cerrados, ambos pies en el piso). Este ejercicio puede tomar el tiempo que sea necesario. En el contexto de este estudio de Biblia, de 10 a 20 minutos son suficientes. El propósito de la *lectio divina* es ayudarte a entrar en la dinámica de la lectura orante mediante la meditación, la oración y la contemplación de la Palabra de Dios; que puedas entablar un diálogo con Dios en lo más íntimo de tu corazón. Ve la página 9 para más instrucciones.

Fiel a la Buena Nueva (1:6–18)

Lectura: Amigo y amiga, el apóstol le dice a Timoteo que no se avergüence de dar testimonio de Dios y de él. Todo lo contrario: con la fuerza que Dios le da, le pide que comparta con él los sufrimientos que son necesarios padecer por la Buena Nueva. ¿Por qué sufrir? Porque Dios los salvó y los llamó destinándolos a ser santos, no por mérito de sus obras sino por la propia iniciativa y gracia de Dios. Cristo ha destruido la muerte e iluminado la vida mortal por medio de la Buena Nueva de salvación.

Meditación: ¿Qué te dice el texto bíblico en este día? Deja que el Señor te examine por medio de su Palabra. No son palabras del pasado sino del presente. Amigo y amiga, ¿te da vergüenza anunciar el Evangelio? Sería conveniente meditar por unos minutos sobre estas palabras de vida eterna. Si Dios nos ha liberado y salvado en Cristo Jesús, ¿por qué muchas veces tenemos miedo de proclamar con nuestras acciones y palabras a Cristo? La proclamación de la Buena Nueva va unida al sufrimiento de Cristo. ¿Acaso Cristo no sufrió por ti? Si es así, entonces ¿qué esperas? ¿Proclamar el Evangelio sin ningún sufrimiento? ¿Acaso no quieres unirte al sufrimiento de Cristo, estar en comunión con él? Es importante hacerse estas preguntas ya que si no nos las hacemos, corremos el riesgo de predicar un mensaje humano y no el de Cristo. Amigo y amiga, en este momento te invito a que compartas con los demás tus experiencias personales y juntos pidan al Señor que abra sus corazones y mentes.

Oración: Después de la meditación pasamos al momento de la oración. ¿Qué le vas a decir al Señor como respuesta a su Palabra? Ofrécele este momento de silencio.

Contemplación: ¿Qué conversión de la mente, del corazón y de tu vida te pide el Señor? ¡Amigo y amiga, dale tu mente, tu corazón y tu vida al Señor! Solo Él sabe lo que hay en tu corazón, ¡no tengas miedo!

Acción: En este último paso de la *lectio* la pregunta fundamental es: ¿qué acciones vas a emprender hoy para poner en práctica este mensaje? Que el Señor te conceda las gracias que necesitas para encarnar su mensaje y transmitirlo a los demás.

Soldado de Cristo (2:1-19)

Lectura: Amigo y amiga, en el corazón de este mensaje se encuentra esta verdad: la Buena Nueva es una doctrina digna de fe. Si morimos con Cristo, viviremos con Él. Si perseveramos, reinaremos con Cristo. Si renegamos de Cristo, Cristo renegará de nosotros. Si le somos infieles, Cristo se mantendrá siempre fiel. Ya que ni Cristo y ni Dios pueden negarse a sí mismos, el apóstol urge a Timoteo a que saque fuerzas de los dones que ha recibido de Cristo Jesús para que pueda trasmitir a otros lo recibido.

Meditación: ¿Qué te dice el texto bíblico en este día? Deja que el Señor te examine por medio de su Palabra. No son palabras del pasado sino del presente. Amigo y amiga, la gran belleza del mensaje de salvación es que Dios jamás podrá renunciar a su promesa de fidelidad y amor eterno. Esta es la garantía de nuestra salvación. El amor de Dios es tan grande que es imposible concebirlo, supera todo entendimiento y conocimiento humano. Dios es siempre fiel. El don de Dios lo hemos recibido en el bautismo. ¿Cuál es ese don? Es el don del Espíritu Santo. Una pregunta para esta meditación es la siguiente: ¿sacas fuerzas de los dones que Dios te ha dado? Reflexiona sobre esta pregunta y comparte con los demás las maneras como lo haces o pide sugerencias para empezar a utilizar esos dones recibidos.

Oración: Después de la meditación pasamos al momento de la oración. ¿Qué le vas a decir al Señor como respuesta a su Palabra? Ofrécele este momento de silencio. Después del momento de silencio todos oren juntos:

Contemplación: ¿Qué conversión de la mente, del corazón y de tu vida te pide el Señor? ¡Amigo y amiga, dale tu mente, tu corazón y tu vida al Señor! Solo Él sabe lo que hay en tu corazón, ¡no tengas miedo!

Acción: En este último paso de la *lectio* la pregunta fundamental es: ¿qué acciones vas a emprender hoy para poner en práctica este mensaje? Que el Señor te conceda las gracias que necesitas para encarnar su mensaje y transmitirlo a los demás.

La Iglesia, la casa grande (2:20–26)

Lectura: Amigo y amiga, el apóstol le pide a su discípulo Timoteo que huya de las pasiones juveniles, que procure la justicia, la fe, el amor y la paz con todos los que invocan sinceramente al Señor. Le pide que evite las discusiones necias y carentes de sentido ya que estas generan peleas. Un verdadero siervo del Señor no ha de pelear, antes bien, debe ser modesto, buen maestro, tolerante y capaz de amonestar con caridad para que Dios le conceda el arrepentimiento y el conocimiento de la verdad.

Meditación: ¿Qué te dice el texto bíblico en este día? Deja que el Señor te examine por medio de su Palabra. No son palabras del pasado sino del presente. Amigo y amiga, las palabras del apóstol nos invitan a reflexionar sobre nuestra manera de actuar con los demás. ¿Cuántas veces entramos en discusiones? ¿Cuántas veces dejamos a un lado la justicia, la fe, el amor y la paz para seguir ideologías humanas? El verdadero discípulo sigue a Cristo y vive como Cristo. ¡El verdadero cristiano no lo es de medio tiempo sino de tiempo completo! El verdadero cristiano no mutila la fe de manera que escoge solo lo que le interesa y conviene. No, ¡la fe se vive de manera total o no se vive! En esta meditación has un autoexamen de tu actitud y pídele al Señor que su Palabra toque tu corazón y tu mente.

Oración: Después de la meditación pasamos al momento de la oración. ¿Qué le vas a decir al Señor como respuesta a su Palabra? Ofrécele un verdadero momento de silencio para que su Palabra consuma tu mente y tu corazón. Pídele la gracia necesaria para poderle responder de una manera total.

Contemplación: ¿Qué conversión de la mente, del corazón y de tu vida te pide el Señor? ¡Amigo y amiga, dale tu mente, tu corazón y tu vida al Señor! Solo Él sabe lo que hay en tu corazón, ¡no tengas miedo!

Acción: En este último paso de la *lectio* la pregunta fundamental es: ¿qué acciones vas a emprender hoy para poner en práctica este mensaje? Que el Señor te conceda las gracias que necesitas para encarnar su mensaje y transmitirlo a los demás.

ESTUDIO INDIVIDUAL (2 TIM 3:1–4:22)

Día 1: Los últimos tiempos (3:1–9)

El apóstol afirma que en los últimos tiempos los hombres serán egoístas y amigos del dinero. Serán situaciones muy difíciles ya que hasta el respeto a la religión cristiana se perderá. Muchos serán incapaces de amar y serán solo amigos del placer. Muchos serán hipócritas, ya que aparentarán ser devotos, pero rechazarán las exigencias de la fe. El Apóstol pide a Timoteo y a todos nosotros que nos apartemos de esas personas. El autor de la carta se remonta hasta al mismo Moisés para dar credibilidad a su mensaje; pero también para dar esperanza a su discípulo y en consecuencia a todos.

Lectio divina

Siguiendo los pasos de la *lectio*, dedica entre 8 y 10 minutos en silencio a meditar, orar y contemplar el siguiente pasaje:

"Ten presente que en los últimos días sobrevendrán tiempos difíciles" (2 Tim 3:1).

Amigo y amiga, ¿qué acciones vas a emprender hoy para poner en práctica este mensaje?

Día 2: La actitud del cristiano en los últimos tiempos (3:10-13)

El apóstol afirma que Timoteo ha seguido todo lo que ha aprendido de él. Le dice que el que quiera vivir religiosamente como cristiano, tendrá que sufrir persecuciones. Los malvados irán de mal en peor, engañarán y serán engañados.

Lectio divina

Siguiendo los pasos de la *lectio*, dedica entre 8 y 10 minutos en silencio a meditar, orar y contemplar el siguiente pasaje:

"Tú, en cambio, me has seguido asiduamente en mis enseñanzas, conducta, planes, fe, paciencia, caridad, constancia, en mis persecuciones y sufrimientos, como los que soporté en Antioquía, en Iconio, en Listra. ¡Qué persecuciones hube de sufrir! Y de todas me libró el Señor" (2 Tim 3:10-11).

Amigo y amiga, ¿qué acciones vas a emprender hoy para poner en práctica este mensaje?

Día 3: El poder de la Palabra de Dios (3:14-17)

El discípulo siempre debe permanecer fiel a lo que aprendió y aceptó con fe. La Sagrada Escritura da sabiduría para ser salvado por la fe en Cristo Jesús. La Sagrada Escritura contiene la verdad para nuestra salvación ya que es inspirada, está llena del Espíritu Santo, y es útil para enseñar, argumentar, orientar e instruir en la justicia de Dios (Jesucristo Señor y Salvador nuestro). La Sagrada Escritura forma al hombre de Dios y lo capacita para dar buen fruto.

Lectio divina

Siguiendo los pasos de la *lectio*, dedica entre 8 y 10 minutos en silencio a meditar, orar y contemplar el siguiente pasaje:

Toda Escritura es inspirada por Dios y útil para enseñar, para argüir, para corregir y para educar en la justicia" (2 Tim 3:16).

Amigo y amiga, ¿qué acciones vas a emprender hoy para poner en práctica este mensaje?

Día 4: Servidor de la Palabra (4:1–5)

El Apóstol le ruega a Timoteo que proclame la Palabra, que insista a tiempo y a destiempo (cuando menos se crea posible). Le pide que convenza, que reprenda, que exhorte con toda la paciencia y pedagogía posibles. Llegará ese tiempo cuando los hombres rechazarán la doctrina cristiana y seguirán sus bajas pasiones. Se juntarán y harán caso a maestros que los complazcan con lo que sus oídos quieren escuchar. Lamentablemente, darán la espalda a la verdad salvadora de Dios. El Apóstol le pide y nos pide que vigilemos continuamente. Nuestra labor es anunciar la Buena Nueva, ese es nuestro servicio, nuestro ministerio.

Lectio divina

Siguiendo los pasos de la *lectio*, dedica entre 8 y 10 minutos en silencio a meditar, orar y contemplar el siguiente pasaje:

"Tú vigila continuamente, aguanta las pruebas, realiza la tarea de anunciar la Buena Nueva, cumple tu ministerio" (2 Tim 4:5).

Amigo y amiga, ¿qué acciones vas a emprender hoy para poner en práctica este mensaje?

Día 5: Recomendaciones y saludos finales (4:6–22)

Este es el momento en el que el Apóstol se despide de Timoteo. Afirma con gozo que ha llegado la hora de su sacrificio y que el momento de su partida es inminente. El Apóstol sabe que pronto sufrirá la muerte por causa de su Señor Jesucristo, a quien ansía ver eternamente. En este pasaje el Apóstol nos entrega una de las más bellas palabras en sus cartas: ha peleado el buen combate, ha terminado la carrera, ha mantenido la fe. Ahora solo le espera la corona de justicia, esa es la esperanza inquebrantable del Apóstol. Pablo se siente seguro de que la recibirá del Señor. Este es un gran testimonio de la esperanza cristiana. El Señor lo librará de toda mala partida y lo salvará en su reino celeste. Y el Apóstol da honor y gloria al Señor con estas palabras: "a él la gloria por los siglos de los siglos. Amén". Esta es la manera como concluye el Apóstol su testamento, Pablo se ve a sí mismo como un humilde siervo de la Palabra.

Lectio divina

Siguiendo los pasos de la *lectio*, dedica entre 8 y 10 minutos en silencio a meditar, orar y contemplar el siguiente pasaje:

"He competido en la noble competición, he llegado a la meta en la carrera, he conservado la fe" (2 Tim 4:7).

Amigo y amiga, ¿qué acciones vas a emprender hoy para poner en práctica este mensaje?

Preguntas de reflexión

1. El Apóstol habla sobre el fin de los tiempos y lo que sucederá. ¿Crees que esto se aplique a nuestros días? ¿Por qué sí o por qué no?
2. Toda Escritura está inspirada por Dios. ¿De qué maneras participas activamente en el aprendizaje y servicio de la Sagrada Escritura?
3. ¿Qué es lo que más te llamó la atención de la manera como Pablo se despide de Timoteo?

Carta a Tito: vivir la vida cristiana

TITO

"Porque se ha manifestado la gracia salvadora de Dios a todos los hombres, que nos enseña a que, renunciando a la impiedad y a las pasiones mundanas, vivamos con sensatez, justicia y piedad en el tiempo presente, aguardando la feliz esperanza y la Manifestación de la gloria del gran Dios y Salvador nuestro Jesucristo" (Tit 2:11–13).

Oración inicial (ver página 17)

Contexto

Tito 1:1–3:15: El autor se presenta como Pablo y se identifica como un siervo (esclavo) de Dios y como apóstol de Jesucristo. Su apostolado es para conducir a los elegidos de Dios a la fe y al conocimiento de la verdad religiosa. El Apóstol declara haber dejado a Tito en Creta para que resuelva algunos asuntos pendientes y para que nombre presbíteros en cada ciudad, según las instrucciones del Apóstol. Pablo le da la lista de las cualidades que todo presbítero y obispo deben tener. Por otra parte, también le da explicaciones de cómo debe explicar la sana doctrina. De manera particular el Apóstol recomienda que los cristianos se sometan y obedezcan a los gobernantes y autoridades. Le pide a Tito que evite entrar en discusiones inútiles con los judaizantes que buscan imponer la ley a los cristianos. El

Apóstol admite que en un tiempo él era también necio, pero por la gran misericordia de Dios ya no lo es. Dios mismo los salvó por medio del bautismo y por la renovación en el Espíritu Santo.

ESTUDIO EN GRUPO (TIT 1:1–3:15)

Leer el texto en voz alta.

1:1–4: Saludo

Pablo se presenta como el siervo de Dios y apóstol, esto es, el enviado de Jesucristo para la misión de conducir a los elegidos, los consagrados de Dios a la fe y al conocimiento de la verdad. El Apóstol tiene la esperanza de la vida eterna ya que es lo que Dios (el que está libre de error) prometió y lo manifiesta por medio de la proclamación que a Pablo se le ha encomendado. Todo esto sucede por disposición de nuestro Dios y salvador. El Apóstol se dirige a Tito, su hijo legítimo en la fe cristiana. Por último, hace la invocación de gracia y paz de parte de Dios Padre y de Cristo Jesús nuestro salvador. En este saludo se puede apreciar que la gran labor del Apóstol es fomentar la fe y educar a los consagrados de Dios, aquellos que han renacido en las aguas del bautismo. Dios no comete errores y todo se está llevando a cabo según su Palabra.

1:5–16 Misión en Creta

Después del saludo, Pablo le dice a Tito que lo dejó en Creta para que a-rreglara los asuntos pendientes: nombrar ancianos (presbíteros) en cada comunidad según las instrucciones proporcionadas por el Apóstol. Las cualidades que el Apóstol quiere en los obispos y presbíteros son las siguientes: irreprochables, fieles a su mujer, con hijos creyentes, disciplinados y de buena reputación. Esto es necesario ya que el que va a presidir en la comunidad, ya sea el obispo o el presbítero, es el administrador de Dios y como tal debe ser irreprochable. Una persona íntegra, sin egoísmos, ni colérico, ni bebedor, que no dependa de otros para su manutención y que no ande en ningún tipo de actividad ilegal.

Más que nada, lo que el Apóstol quiere es una persona de virtud y fe, que sea modelo de conducta cristiana para los demás. Debe ser hospitalario, amante del bien, moderado, justo, devoto y de carácter. Y debe aceptar la enseñanza auténtica, ya que esta es la única manera como puede exhortar y refutar a los que la contradicen. Este líder debe pensar y sentir con el depósito de fe apostólica. Estas instrucciones del Apóstol son un claro ejemplo de cómo, desde el principio, la Iglesia siempre tomó con seriedad la selección de líderes para dar continuidad a la misión apostólica. Lo que conocemos como sucesión apostólica, por tanto, se puede vincular hasta el mismo Jesucristo, cuya enseñanza Pablo ha trasmitido con total fidelidad.

El Apóstol advierte a Tito que hay muchos charlatanes y judíos convertidos (judaizantes) que están enseñando una doctrina no sana para los consagrados, esto es, los cristianos. Las instrucciones del Apóstol son fuertes, pues dice que a estas personas hay que taparles la boca ya que destruyen familias enteras. Y peor aún, andan enseñando lo que no deben, es decir, errores, por dinero. El gran problema con estos charlatanes y judaizantes es que confunden a los cristianos con preceptos sobre los alimentos y con dualidades sobre lo que es puro y lo que es impuro. Para el Apóstol estas personas ni conocen a Dios y lo niegan con sus acciones. Por tanto, el Dios que proclaman es alguien totalmente diferente al Dios Padre de nuestro Señor Jesucristo.

2:1–10: Praxis cristiana de la comunidad

El Apóstol ahora se concentra en el gran motivo de la carta: que Tito se concentre en explicar la sana doctrina. La sana doctrina es inseparable de una sana conducta cristiana. Una buena comprensión del contenido de la fe se traduce en una vida ejemplar que refleja la enseñanza correcta. Esto es justamente lo que también el Apóstol había recomendado a Timoteo. Lo que vemos en las palabras del Apóstol es la presentación de una síntesis de la importancia de la educación en las virtudes humanas y en la fe cristiana. De esta manera, los consagrados pueden vivir como auténticos seres humanos, buenos ciudadanos y buenos cristianos.

El Apóstol da una lista de la manera en que deben vivir los ancianos, las ancianas, los jóvenes y los esclavos. A todos los grupos se les exige moderación, tal vez esto es en referencia a la bebida que era un peligro para todos. También esto se puede aplicar a una de las virtudes cardinales, la prudencia. En resumen, los ancianos deben ser sobrios, dignos, moderados y sanos en la fe, el amor y la paciencia. Las ancianas no deben ser esclavas ni de las murmuraciones ni de la bebida, castas y bondadosas; deben ser buenas maestras, capaces de enseñar a las jóvenes a amar a sus maridos. Estas palabras del Apóstol nos dan una clara orientación de cuán importantes son las mujeres para la trasmisión de la fe cristiana. Las mujeres eran verdaderas educadoras y tenían gran responsabilidad en la formación de la fe. Los jóvenes deben ser moderados, de buena conducta, íntegros y serios en la doctrina. Por último, los esclavos deben obedecer a sus amos en todo. Deben ser amables, no deben ser respondones ni ladrones y dignos de toda confianza.

2:11–15: La gracia de la salvación

El Apóstol ahora pasa a su exposición sobre la gracia de la salvación como un don gratuito de Dios para nosotros. La gracia de Dios, que es salvadora, se ha manifestado a todos para enseñarnos a vivir de una manera irreprochable. Nos enseña a vivir una vida digna, con templanza, justicia y piedad. Todo esto se hace por la esperanza de la promesa de la vida eterna que Dios nos concede por Jesucristo. El Apóstol afirma que esta es la manifestación de la gloria de nuestro gran Dios y nuestro salvador Jesucristo. Dios es grande porque nos ama y quiere que nos salvemos, o sea, que estemos en su gloria para toda la eternidad.

¿Cómo se lleva a cabo nuestra salvación? Gracias a la entrega de Jesucristo por todos nosotros. Con su pasión y muerte, Jesucristo nos rescata de toda iniquidad y de esta manera adquiere para Dios un pueblo purificado y dedicado a las buenas obras. Es la sangre derramada en la cruz la que nos purifica, santifica y consagra para ser hijos e hijas aceptables a Dios Padre. Esta gracia de la salvación es iniciativa gratuita de Dios mismo. Esto es lo que el Apóstol pide a Tito que haga. Quiere que este mensaje lo proclame, lo exhorte y reprenda con autoridad a todo aquel que lo diluya. Esta es la sana doctrina.

3:1–11: Conducta ciudadana ejemplar, y la bondad y ternura de Dios

El Apóstol afirma que la conducta virtuosa ha de ser visible a la sociedad civil. Un buen cristiano debe ser un buen ciudadano. El buen ciudadano obedece a las autoridades y está dispuesto a ser honrado. Después de esta breve exhortación, el Apóstol habla sobre la bondad y ternura de Dios. Esta se puede considerar su segunda síntesis doctrinal, la fuente de la que procede el amor universal de Dios. La fuente del amor de Dios es su misericordia que se manifestó por un acto de gratuidad pura en Jesucristo. Fuimos salvados por la misericordia de Dios, no por nuestros méritos. Dios nos salva por medio del bautismo, el baño que nos hace volver a nacer y la renovación por el Espíritu Santo. Esta salvación es infundida por medio de Jesucristo nuestro salvador. Es tan grade este don, que con él Dios nos absuelve de nuestros pecados y nos concede la esperanza de la vida eterna.

El Apóstol llama a esta realidad de la manifestación de la bondad y ternura de Dios una doctrina digna de fe. Esta es la doctrina en la que Tito debe insistir. Mediante una sólida instrucción en esta doctrina, los que han creído en Dios pueden ahora dedicarse a cultivar una buena conducta. El Apóstol pide a Tito que evite discusiones necias y controversias con los judíos conversos. Por último, le pide que evite al sectario. A final de cuentas, solo un conocimiento claro de la bondad y ternura de Dios ayuda al individuo a llevar una vida de virtud y a hacer suya aún más la fe recibida. La fuerza del Espíritu Santo hace esto posible.

3:12–15: Saludos finales

El Apóstol se despide de Tito esperando que pueda ir a Nicópolis para visitarlo. Le pide que envíe a Zenas y a Apolo de viaje y que se asegure de que no les falte nada. A final de cuentas, en este saludo final se puede apreciar la preocupación fundamental del Apóstol por las comunidades de fe para que obren de manera correcta. El cristiano está llamado a reflejar con su vida la razón de su esperanza y la bondad y ternura de Dios mismo.

Preguntas de reflexión

1. En el saludo, el Apóstol afirma que su misión es conducir a los elegidos de Dios a la fe y al conocimiento de la verdad religiosa. ¿De qué maneras conduces a los bautizados a la fe y al conocimiento de esta fe?
2. La moderación es una virtud que el Apóstol quiere para todos los líderes de la Iglesia. ¿Hay personas en tu comunidad de fe que sean ejemplo de moderación? ¿Por qué son ejemplo? ¿De qué maneras tratas de vivir una vida de moderación?
3. ¿Qué piensas del papel de las mujeres en la trasmisión de la fe según lo dicho por el Apóstol en esta carta?
4. ¿De qué maneras la gracia de la salvación se ha manifestado en tu vida?
5. En el bautismo y renovación por el Espíritu Santo podemos ver la bondad y ternura de Dios. ¿Conoces la fecha de tu bautismo? ¿Celebras ese día como el más importante de tu vida?

Oración final (ver página 17)

La oración final se dice antes o después del ejercicio de *lectio divina*.

Lectio divina (ver página 9)

Relaja tu cuerpo y mantén una postura de oración (sentado, ojos cerrados, ambos pies en el piso). Este ejercicio puede tomar el tiempo que sea necesario. En el contexto de este estudio de Biblia, de 10 a 20 minutos son suficientes. El propósito de la *lectio divina* es ayudarte a entrar en la dinámica de la lectura orante mediante la meditación, la oración y la contemplación de la Palabra de Dios; que puedas entablar un diálogo con Dios en lo más íntimo de tu corazón. Ve la página 9 para más instrucciones.

La gracia de la salvación (2:11–15)

Lectura: Amigo y amiga, ¿cómo se lleva nuestra salvación a cabo? Por la entrega de Jesucristo por todos nosotros. Con su pasión y muerte, Jesucristo nos rescata de toda iniquidad y de esta manera adquiere para Dios un pueblo purificado y dedicado a las buenas obras. Es la sangre derramada en la cruz la que nos purifica, santifica y consagra para ser hijos e hijas aceptables a Dios Padre. Esta gracia de la salvación es iniciativa gratuita de Dios. Esto es lo que el Apóstol le pide a Tito que haga. Quiere proclame este mensaje, que exhorte y que reprenda con autoridad a todo aquel que diluya este mensaje. Esta es la sana doctrina.

Meditación: ¿Qué te dice el texto bíblico en este día? Deja que el Señor te examine por medio de su Palabra. No son palabras del pasado sino del presente. En esta breve meditación es conveniente reflexionar sobre la sangre que Jesús derramó en la cruz para nuestra purificación, santificación y consagración. Esta es la manera por excelencia en que Dios manifiesta su amor hasta el extremo por nosotros. Amigo y amiga, ¿qué tan seguido piensas en este maravilloso acto de amor? ¿Qué tan seguido piensas en este tremendo misterio? ¿Te has puesto a pensar por unos breves momentos en lo que significa consumir el Cuerpo y la Sangre de Jesús en la Eucaristía, o sea, la misma esencia del Dios eterno? La sangre derramada en la cruz entra en tu humanidad para transformarte. Ábrele las puertas de tu corazón.

Oración: Después de la meditación pasamos al momento de la oración. ¿Qué le vas a decir al Señor como respuesta a su Palabra? Ofrécele un verdadero momento de silencio para que su Palabra consuma tu mente y tu corazón. Pídele al Señor la gracia necesaria para poderle responder de una manera total.

Contemplación: ¿Qué conversión de la mente, del corazón y de tu vida te pide el Señor? ¡Amigo y amiga, dale tu mente, tu corazón y tu vida al Señor! Solo Él sabe lo que hay en tu corazón, ¡no tengas miedo!

Acción: En este último paso de la *lectio* la pregunta fundamental es: ¿qué acciones vas a emprender hoy para poner en práctica este mensaje? Que el Señor te conceda las gracias que necesitas para encarnar su mensaje y transmitirlo a los demás.

Bondad y ternura de Dios (3:3–11)

Lectura: Amigo y amiga, fuimos salvados por la misericordia de Dios, no por nuestros méritos. Dios nos salva por medio del bautismo, el baño del renacimiento y la renovación por el Espíritu Santo. Esta salvación es infundida por medio de Jesucristo nuestro salvador. Es tan grade este don, que Cristo Jesús nos absuelve por su favor y de esta manera tenemos ahora la esperanza de la vida eterna. El Apóstol llama a esta realidad de la manifestación de la bondad y ternura de Dios una doctrina digna de fe.

Meditación: ¿Qué te dice el texto bíblico en este día? Deja que el Señor te examine por medio de su Palabra. No son palabras del pasado sino del presente. En el día de tu bautismo fuiste purificado y consagrado al Señor. En ese mismo día recibiste el don del Espíritu Santo y entraste a la realidad del Reino de los hijos e hijas de Dios. En ese día fuiste configurado con Cristo Jesús, Señor y Salvador nuestro. Amigo y amiga, ¿de qué manera te está llamando Dios en este día? Comparte tus ideas con los demás.

Oración: Después de la meditación pasamos al momento de la oración. ¿Qué le vas a decir al Señor como respuesta a su Palabra? Ofrécele un verdadero momento de silencio para que su Palabra consuma tu mente y tu corazón. Pídele la gracia necesaria para poderle responder de una manera total.

Contemplación: ¿Qué conversión de la mente, del corazón y de tu vida te pide el Señor? ¡Amigo y amiga, dale tu mente, tu corazón y tu vida al Señor! Solo Él sabe lo que hay en tu corazón, ¡no tengas miedo!

Acción: En este último paso de la *lectio* la pregunta fundamental es: ¿qué acciones vas a emprender hoy para poner en práctica este mensaje? Que el Señor te conceda las gracias que necesitas para encarnar su mensaje y transmitirlo a los demás.

Carta a los Hebreos I: Cristo, Hijo de Dios y Salvador

HEBREOS (1:1–3:6)

"Muchas veces y de muchas maneras habló Dios en el pasado a nuestros Padres por medio de los Profetas. En estos últimos tiempos nos ha hablado por medio del Hijo a quien instituyó heredero de todo, por quien también hizo el universo; el cual, siendo resplandor de su gloria e impronta de su sustancia, y el que sostiene todo con su palabra poderosa, llevada a cabo la purificación de los pecados, se sentó a la diestra de la Majestad en las alturas" (Heb 1:1–3).

Oración inicial (ver página 17)

Contexto

Hebreos 1:1–3:6: En el pasado, sobre todo en tiempos del Antiguo Testamento, Dios habló muchas veces y de muchas formas. Dios habló por medio de los profetas de Israel. En el tiempo presente, Dios nos habla por medio de su Hijo. Su Hijo es heredero de todo, por él Dios creó todo el universo y es por tanto superior a los ángeles. Cristo es el Hijo del Dios eterno y el hombre de los últimos tiempos, el hombre glorificado. El Hijo de Dios recibió el castigo que los hombres merecían y de esta manera la gracia de Dios se hizo accesible a muchos. A pesar de que Moisés era digno de la gran bendición de Dios, el Hijo es superior a él. Moisés fue fiel entre los israelitas y Cristo fue el Hijo fiel que vivió entre los hombres. Todos aquellos que permanecen fieles pertenecen a la casa de Cristo.

ESTUDIO EN GRUPO (HEB 1:1–3:19)

1:1–4: El Hijo

El autor de la carta nos presenta la figura del Hijo de Dios como el centro de la historia entre Dios y la humanidad. Dios desde el principio ha estado hablando al ser humano para que lo conozca, lo ame y le sirva. El autor dice que Dios habló de muchas maneras y formas a nuestros padres por medio de sus portavoces, los profetas. La manera en que Dios comunicó su Palabra al pueblo de Israel fue mediante los profetas que, consumidos por su Palabra, comunicaron al pueblo la voluntad de Dios.

El autor, después de esta afirmación solemne, habla de la última etapa de la comunicación de Dios con la humanidad por medio de su Hijo. En esta etapa final Dios nombra a su Hijo heredero de todo. Por medio del Hijo, Dios creó al universo entero. El Hijo de Dios es reflejo de su gloria. Sí, de aquella gloria que los profetas pudieron contemplar y gloria que el pueblo de Israel ansiaba. El Hijo es también la imagen misma de lo que es Dios; Dios mantiene al universo entero mediante su Palabra poderosa, su Hijo. La misión del Hijo consistió en purificar al mundo de todas sus impurezas e iniquidades. Una vez consumada esta misión, el Hijo tomó asiento en el cielo a la derecha del trono santo de Dios. Todo lo que le pertenece a Dios Padre también le pertenece al Hijo.

El autor nos ha presentado la identidad del Hijo de Dios. El Hijo se encarna en la historia de la humanidad para redimirla de sus pecados y darle acceso a la vida eterna. El Hijo, mediante su encarnación, garantiza la revelación total de la Palabra de Dios. Dios es revelado en su plenitud, por tanto, la comunicación de Dios con la humanidad es ahora de manera directa, mediante el Hijo. Este Hijo, Jesús de Nazaret, es el reflejo de la gloria de Dios, la imagen viva de Dios. Jesús, sentado a la derecha del trono de Dios, es superior a los ángeles. El Hijo es la Palabra eterna; mediante el

Hijo, Dios lleva a cabo su designio eterno, esto es, establecer una relación personal, arraigada en el amor, con sus creaturas.

1:5–14: El Hijo es superior a los ángeles

En esta parte el autor hace una comparación entre el Hijo de Dios y los mensajeros de Dios. Los mensajeros de Dios, a los que llamamos ángeles, son las inteligencias más puras y cercanas a Él. Los ángeles, como primeras inteligencias en el orden de la creación, sirven eternamente a Dios y rodean la bóveda celestial donde Dios vive eternamente. Ellos eran los mediadores entre Dios y su pueblo. También contemplan el misterio eterno de Dios y su misión es servir al Creador. Lo más cercano a Dios son sus mensajeros, seres espirituales y eternos. Ahora, el autor hace una afirmación revolucionaria al decir que el Hijo, Jesucristo, es superior a ellos.

El autor apela a las Escrituras de la Antigua Alianza al preguntar si acaso Dios alguna vez dijo a uno de sus ángeles Hijo mío eres tú, yo te he engendrado hoy (Heb 1:5) o "yo seré para él un padre, él será para mí un hijo" (Heb 1:6). Después apela a las Escrituras de la Nueva Alianza para expresar la dignidad del Hijo de Dios al decir "y adórenlo todos los ángeles de Dios" (Heb 1:6). Los vientos son los ángeles del Hijo y las llamas de fuego sus servidores.

El autor afirma una profunda realidad teológica sobre el Hijo, sobre la naturaleza misma de Dios reflejada en este. Al Hijo, Dios mismo le dice "Tu trono, ¡oh Dios!, por los siglos de los siglos; y: El cetro de tu realeza, cetro de equidad" (Heb 1:8) y también afirma "Tú al comienzo, ¡oh Señor!, pusiste los cimientos de la tierra, y obra de tu mano son los cielos" (Heb 1,10). Y finalmente, vuelve a hacer la pregunta ¿A qué ángel dijo alguna vez: Siéntate a mi diestra, hasta que ponga a tus enemigos por estrado de tus pies? (Heb 1:13).

El autor está poniendo de manifiesto la profunda relación de distinción e igualdad que existe entre Dios Padre y su Hijo. La distinción radica en la acción salvadora del Hijo y su exaltación gloriosa. La igualdad radica en que el Hijo se sienta a la derecha del trono de Dios. Si lo más alto que existe en el orden de la creación son los ángeles, el Hijo es superior a ellos. Esta presentación sobre la naturaleza del Hijo es parte de las semillas del quehacer teológico de la segunda generación de cristianos. Eventualmente, mediante la reflexión, estas semillas darán lugar a una teología más completa sobre la naturaleza del Hijo en relación con Dios Padre.

2:1-9: Cristo, Hijo de Dios y hombre glorificado

El autor pasa de su reflexión acerca de la superioridad del Hijo sobre los ángeles para animar a la comunidad a conocer y cumplir la palabra de salvación manifestada en el Hijo. La Buena Nueva es más importante que la Ley que fue promulgada por medio de ángeles (según la tradición rabínica, Moisés recibió la Ley directamente de los ángeles de Dios). Por eso los cristianos ya no pueden ir a la deriva y deben prestar atención a la forma en que anuncian esa Palabra. La Ley cumplió su parte en el plan de salvación de Dios. Ahora que la revelación total de Dios ha entrado en la historia de la humanidad, esa Ley ya no tiene vigencia, ya que ahora tenemos acceso directo al Padre por medio del Hijo.

La salvación fue anunciada primero por el Señor, después confirmada por los que lo habían escuchado y Dios mismo añadió su testimonio con toda clase de signos, milagros y dones del Espíritu Santo según su voluntad. Los primeros que escucharon y siguieron a la Palabra encarnada fueron los apóstoles y discípulos, y después todos los demás tuvieron acceso a la Palabra mediante la predicación apostólica que fue guiada por la acción del Espíritu Santo. La salvación del ser humano se ha dado por medio de Jesús, que se rebaja a la condición de esclavo, inferior a los ángeles, para sufrir y morir por nosotros. Sin embargo, por su resurrección es coronado de gloria y honor. Es por la gracia de Dios que padece la muerte por todos y es por esta misma gracia que el ser humano recobra su dignidad. Si en Jesús todo está sometido, entonces todos los que mueren en Cristo pueden ser coronados de gloria y honor. Esto es la gracia de Dios.

2:10-18: Cristo, pionero de la salvación y Sumo Sacerdote

La solidaridad de Dios con los seres humanos se lleva a cabo mediante el Hijo, Jesús. Dios conduce a la humanidad a la gloria mediante el sacrificio perfecto del Hijo. Jesús, el jefe y salvador de todos los seres humanos, se hace inferior para solidarizarse con la humanidad y padecer con todos.

El autor afirma que el que nos consagra, o sea el Hijo, no se avergüenza de llamarnos hermanos. El que consagra y los consagrados tenemos un mismo origen ya que Jesús participó de manera total en nuestra condición. El Hijo toma nuestra carne y sangre para padecer como nosotros y anular con su muerte al que controlaba la muerte, es decir, al Diablo.

El Hijo tomó nuestra naturaleza humana para sacrificarla y redimirla, y de esa manera liberarnos de la muerte y librarnos de la esclavitud. Jesús, el Hijo, vino en nuestro auxilio y no en auxilio de los ángeles. Tenía que ser semejante en todo a nosotros. Por esta razón Jesús, el Hijo de Dios, puede ser un sumo sacerdote compasivo y fiel en el servicio de Dios para expiar (purificar) los pecados del pueblo. Esto es en virtud de que Él mismo, en su humanidad, sufrió la prueba y por eso puede ayudar a todos los que somos probados. Este es el maravilloso intercambio que tiene lugar en el Hijo de Dios. Jesús, eterno Hijo de Dios, del mismo nivel de Dios, asume nuestra condición humana para solidarizarse con nosotros y llamarnos hermanos. Debido a que el Hijo toma nuestra sangre y carne, puede experimentar las angustias y las pruebas de los seres humanos. Jesús muere y resucita para demostrar que ha conquistado la muerte y este mal ya no tiene poder sobre nosotros porque él en su humanidad ha inmolado nuestra naturaleza humana. Jesús, porque conoce y siente la fragilidad humana, es compasivo y fiel y nos levanta cuando caemos. Jesús conoce nuestras debilidades y nos ayuda porque nos ama.

3:1–6: Jesús y Moisés

El autor exhorta a los cristianos o a los "consagrados", como él los llama, que ya participan del gran llamado a la santidad (vocación celestial), a que piensen en Jesús al que llama apóstol y sumo sacerdote de nuestra fe. Los invita a comparar la autoridad de la Palabra de salvación traída por Jesús, apóstol y sumo sacerdote, con el mediador más importante de Israel, Moisés. Tanto Moisés como Jesús fueron fieles y gozaron de una comunicación íntima con Dios. Sin embargo, Moisés no es el Hijo, por medio del cual todo fue creado, sino un siervo. Moisés es el administrador de la casa que Dios construye. Jesús, el Cristo, es el fundador de la nueva casa de Dios. Y esa casa somos todos nosotros.

Preguntas de reflexión

1. ¿Qué es lo que más te llama la atención sobre la presentación solemne que hace el autor de esta carta acerca de la identidad del Hijo de Dios?
2. ¿Por qué es superior el Hijo de Dios a los ángeles? ¿Qué te hace pensar esta realidad sobre nuestra relación con Dios?
3. El Hijo tomó nuestra carne y sangre para solidarizarse con la humanidad. ¿En qué maneras en la actualidad el Hijo de Dios se sigue encarnando en medio de nosotros?

Oración final (ver página 17)

La oración final se dice antes o después del ejercicio de *lectio divina*.

Lectio divina (ver página 9)

Relaja tu cuerpo y mantén una postura de oración (sentado, ojos cerrados, ambos pies en el piso). Este ejercicio puede tomar el tiempo que sea necesario. En el contexto de este estudio de Biblia, de 10 a 20 minutos son suficientes. El propósito de la *lectio divina* es ayudarte a entrar en la dinámica de la lectura orante mediante la meditación, la oración y la contemplación de la Palabra de Dios; que puedas entablar un diálogo con Dios en lo más íntimo de tu corazón. Ve la página 9 para más instrucciones.

El Hijo (1:1–4)

Lectura: Amigo y amiga, la manera como Dios comunicó su Palabra al pueblo de Israel fue mediante los profetas, que consumidos por su Palabra, comunicaron al pueblo la voluntad de Dios. En los últimos tiempos Dios se comunica con nosotros por medio de su Hijo, a quien ha nombrado heredero de todo y por quien creó el universo. Su Hijo, Cristo Jesús, es reflejo de su gloria e imagen suya.

Meditación: ¿Qué te dice el texto bíblico en este día? Deja que el Señor te examine por medio de su Palabra. No son palabras del pasado sino del presente. En esta breve meditación sería conveniente una reflexión sobre la grandeza del amor de Dios. Él se ha comunicado con el ser humano de maneras esporádicas, pero ahora Dios se nos ha revelado de manera total. Se revela en la humanidad de Jesús; Él, que nos ama tanto, se ha hecho uno de nosotros y nos llama hermanos. Ya no tenemos que andar vagando en busca del Dios eterno; ya se manifestó ante nosotros y podemos conocerlo de manera personal por medio de la acción del Espíritu Santo que recibimos en el bautismo. Amigo y amiga, ¿sigues buscando a Dios en cosas pasajeras o esotéricas? ¿Sigues buscándolo como alguien que no sabe lo que busca? ¿Has tenido un encuentro personal con la gloria y la imagen de Dios, Jesucristo? Comparte con los demás tus experiencias en tu camino de fe.

Oración: Después de la meditación pasamos al momento de la oración. ¿Qué le vas a decir al Señor como respuesta a su Palabra? Ofrécele un verdadero momento de silencio para que su Palabra consuma tu mente y tu corazón. Pídele la gracia necesaria para poderle responder de una manera total. Después de unos momentos de silencio, oren todos juntos:

Tú eres mi hijo, yo te he engendrado hoy.

Yo seré para él un padre, él será para mí un hijo.

Que todos los ángeles de Dios lo adoren. Amén.

Contemplación: ¿Qué conversión de la mente, del corazón y de tu vida te pide el Señor? ¡Amigo y amiga, dale tu mente, tu corazón y tu vida al Señor! Solo Él sabe lo que hay en tu corazón, ¡no tengas miedo!

Acción: En este último paso de la *lectio* la pregunta fundamental es: ¿qué acciones vas a emprender hoy para poner en práctica este mensaje? Que el Señor te conceda las gracias que necesitas para encarnar su mensaje y transmitirlo a los demás.

Cristo, Hijo de Dios y hombre glorificado (2:1–9)

Lectura: Amigo y amiga, la salvación fue anunciada primero por el Señor, después confirmada por los que lo habían escuchado y Dios mismo añadió su testimonio con toda clase de signos, milagros y dones del Espíritu

Santo según su voluntad. Los primeros que oyeron y siguieron a la Palabra encarnada, fueron los apóstoles y discípulos, y después todos los demás tuvieron acceso al conocimiento de la Palabra mediante la predicación apostólica que fue guiada por la acción del Espíritu Santo.

Meditación: ¿Qué te dice el texto bíblico en este día? Deja que el Señor te examine por medio de su Palabra. No son palabras del pasado sino del presente. En esta breve meditación sería bueno reflexionar sobre la fidelidad al mensaje de salvación que hemos recibido. Los apóstoles y discípulos trasmitieron el mensaje que ellos recibieron de Jesús. Ellos pasaron mucho tiempo con el Señor, antes y después de su resurrección y ascensión gloriosa. Ellos son los testigos de la consumación del plan de salvación de Dios. Sí, este mensaje es el que la Iglesia Santa, Católica y Apostólica custodia fielmente. Amigo y amiga, ¿te das cuenta lo que esto significa? La enseñanza oficial de la Iglesia es la enseñanza misma del Señor Jesús. Podemos conocer esta enseñanza gracias a la acción del Espíritu Santo que habita en la Casa de Dios, la Iglesia. ¿Qué te dice Dios con respecto a esta realidad? Comparte con los demás tus reflexiones.

Oración: Después de la meditación pasamos al momento de la oración. ¿Qué le vas a decir al Señor como respuesta a su Palabra? Ofrécele un verdadero momento de silencio para que su Palabra consuma tu mente y tu corazón. Pídele al Señor la gracia necesaria para poderle responder de una manera total.

Contemplación: ¿Qué conversión de la mente, del corazón y de tu vida te pide el Señor? ¡Amigo y amiga, dale tu mente, tu corazón y tu vida al Señor! Solo Él sabe lo que hay en tu corazón, ¡no tengas miedo!

Acción: En este último paso de la *lectio* la pregunta fundamental es: ¿qué acciones vas a emprender hoy para poner en práctica este mensaje? Que el Señor te conceda las gracias que necesitas para encarnar su mensaje y transmitirlo a los demás.

Cristo, pionero de la salvación y Sumo Sacerdote (2:10–18)

Lectura: Amigo y amiga, convenía que Dios llevara a la perfección por el sufrimiento al jefe y salvador de todos nosotros, Jesucristo. Jesús, nuestro hermano tiene la misma carne y sangre que nosotros. Él participó de nuestra condición para anular con su muerte al que controlaba la muerte, al Diablo. Por su sacrificio redentor ya no somos esclavos sino hombres y mujeres libres. Vino en nuestro auxilio y se hizo semejante a todos nosotros. Lo ha hecho para poder ser sumo sacerdote compasivo y fiel que entiende nuestras debilidades.

Meditación: ¿Qué te dice el texto bíblico en este día? Deja que el Señor te examine por medio de su Palabra. No son palabras del pasado sino del presente. ¿Por qué sabemos que Dios entiende el dolor humano? Porque Dios eterno se encarnó en la historia humana para salvar a los todos los hombres y mujeres, y santificarlos por medio de su Hijo, hombre verdadero que asumió nuestra naturaleza humana, menos el pecado. El Hijo nos llama hermanos porque comparte nuestra carne y sangre. Dios conoce nuestras debilidades y padecimientos porque, por su acto máximo de amor, se rebajó de su condición divina para hacerse esclavo en el Hijo. Amigo y amiga, este es el misterio de nuestra fe. Este es el misterio del sacerdocio eterno de Cristo. Mediante Él los pecados del pueblo son expiados. ¿Qué te dice esta acción de Dios por nosotros? Comparte con los demás tus reflexiones.

Oración: Después de la meditación pasamos al momento de la oración. ¿Qué le vas a decir al Señor como respuesta a su Palabra? Ofrécele un verdadero momento de silencio para que su Palabra consuma tu mente y tu corazón. Pídele la gracia necesaria para poderle responder de una manera total.

Contemplación: ¿Qué conversión de la mente, del corazón y de tu vida te pide el Señor? ¡Amigo y amiga, dale tu mente, tu corazón y tu vida al Señor! Solo Él sabe lo que hay en tu corazón, ¡no tengas miedo!

Acción: En este último paso de la *lectio* la pregunta fundamental es: ¿qué acciones vas a emprender hoy para poner en práctica este mensaje? Que el Señor te conceda las gracias que necesitas para encarnar su mensaje y transmitirlo a los demás.

Jesús y Moisés (3:1–6)

Lectura: Amigo y amiga, los bautizados que ya participamos de la vocación celestial debemos recordar siempre a Jesús como apóstol y sumo sacerdote. Jesús es superior a Moisés. Moisés era un servidor fiel de Dios y miembro de la casa; él era el administrador de la casa. Cristo, en cambio, está a cargo de la Casa de Dios. Esa casa somos todos nosotros, el pueblo santo de Dios, si mantenemos la confianza y nos gloriamos de la esperanza que nos da el eterno constructor de todo que es Dios.

Meditación: ¿Qué te dice el texto bíblico en este día? Deja que el Señor te examine por medio de su Palabra. No son palabras del pasado sino del presente. Jesús es nuestro modelo de servicio y de hacer sacrificios por los demás. Jesús, nuestro hermano, nos muestra la manera como debemos anunciar la Buena Nueva, el amor de Dios. También de Él aprendemos que nuestra vida debe estar enfocada en el amor para, de esa manera, poder ayudar a las personas más necesitadas de cariño y compasión, y hacer sacrificios por ellos. Jesús como hombre verdadero sufrió pruebas, nosotros de igual manera hemos sufrido pruebas y seguiremos sufriendo pruebas. Porque hemos sufrido pruebas y nos hemos levantado, podemos ayudar a otros a levantarse. Amigo y amiga, ¿con qué frecuencia, siguiendo el ejemplo de Cristo, ayudas a los que han caído? ¿Te solidarizas de manera activa con los más necesitados? Comparte con los demás tus reflexiones.

Oración: Después de la meditación pasamos al momento de la oración. ¿Qué le vas a decir al Señor como respuesta a su Palabra? Ofrécele un verdadero momento de silencio para que su Palabra consuma tu mente y tu corazón. Pídele al Señor la gracia necesaria para poderle responder de una manera total.

Contemplación: ¿Qué conversión de la mente, del corazón y de tu vida te pide el Señor? ¡Amigo y amiga, dale tu mente, tu corazón y tu vida al Señor! Solo Él sabe lo que hay en tu corazón, ¡no tengas miedo!

Acción: En este último paso de la *lectio* la pregunta fundamental es: ¿qué acciones vas a emprender hoy para poner en práctica este mensaje? Que el Señor te conceda las gracias que necesitas para encarnar su mensaje y transmitirlo a los demás.

Carta a los Hebreos II: Jesús, Sumo Sacerdote

HEB (3:7–7:28)

"Pues no tenemos un sumo sacerdote que no pueda compadecerse de nuestras flaquezas, ya que ha sido probado en todo como nosotros, excepto en el pecado" (Heb 4:15).

Oración inicial (ver página 17)

Contexto

Parte 1. Hebreos 3:7–5:10: El autor invita a los lectores a meditar sobre el hoy de Dios mediante su referencia al salmo 95: si hoy escuchan su voz, no endurezcan el corazón. Los anima a estar atentos al hoy de Dios para que nadie sea tentado y se pierda. Hace referencia al tiempo en que Israel deambuló por el desierto y cómo muchos perecieron. Después expresa lo que es el descanso de Dios. Los que han creído entrarán a ese descanso. En ese descanso ya no tendremos sobre nosotros todas nuestras preocupaciones.

El autor vuelve a exponer la realidad de la identidad de Jesús como sumo sacerdote y como sacerdote sufriente. En el pensamiento del autor, Jesús, Hijo de Dios, ha penetrado el cielo y no es insensible a nuestra debilidad, ya que compartió nuestra naturaleza humana en todo, menos en el pecado. Este sumo sacerdote no se atribuyó a sí mismo el honor de serlo sino que lo recibió de Dios. Durante su vida mortal, Jesús vivió haciendo peticiones y súplicas, con clamores y lágrimas. Jesús, que era Hijo de Dios, aprendió sufriendo a obedecer.

Parte 2. Hebreos 5:11–7:28: Después de su exposición sobre Jesús como sumo y sufriente sacerdote, ahora el autor habla de cómo todos estamos llamados a la madurez y a la perseverancia. Según el autor, sobre este tema hay mucho que decir y es difícil explicarlo porque por lo general somos muy lentos en entender. El autor ahonda sobre la realidad de lo mucho que le falta a su audiencia para pasar de una fe de niños a la madurez de la fe. Después de invitar a los lectores a la madurez en la fe apoyándose en las Escrituras, pasa a la realidad del sacerdocio de Cristo según el orden de Melquisedec.

ESTUDIO EN GRUPO (HEB 3:7–5:10)

Leer el texto en voz alta.

3:7–19: El hoy de Dios

El tema de fondo en esa parte de la carta es la fe y la incredulidad. Los que tuvieron fe, aunque irritaron a Dios, pudieron entrar a la Tierra Prometida. Ellos escucharon al Señor y no endurecieron su corazón como los incrédulos. Estos últimos no entraron a la Tierra Prometida por su falta de confianza en la promesa del Señor. El autor hace referencia al Salmo 95:7–11 que habla sobre el caminar del pueblo de Israel por el desierto guiado por Moisés. Este pueblo endureció su corazón y no escuchó la voz del Señor. El pueblo se rebeló contra Dios; el Señor a su vez juró que no entrarían a su descanso. En este relato del Éxodo, el descanso que los israelitas buscaban durante su éxodo era entrar a la Tierra Prometida. El descanso en esta carta se refiere a descansar en Dios, el hoy (presente) de Dios.

El autor advierte a sus lectores, los consagrados, que tengan cuidado para que su corazón no se vuelva perverso e incrédulo; que no vayan a dejar de seguir y obedecer al Dios vivo y verdadero. Les pide que se animen los unos a los otros continuamente mientras dura este descanso (hoy). Si todos se mantienen firmes hasta el final, entonces serán siempre compañeros de Cristo y no correrán la misma suerte que los israelitas, los cuales perecieron en el desierto en busca de la Tierra Prometida. El autor agrega que, aunque todos oyeron a Dios, como quiera todos lo irritaron. Sin embargo, quienes indignaron a Dios, corrieron una peor suerte, pues cayeron en el desierto. Y los rebeldes no entraron en el descanso de Dios. Los que no creyeron no llegaron a la Tierra Prometida.

4:1-13: El descanso

La meta en la marcha del pueblo es el descanso con Dios. El autor de la carta sigue utilizando el Salmo 95:7-11 para afirmar que la promesa hecha al pueblo de Israel sigue en pie y no es otra cosa que la participación en el descanso sabático de Dios; esta es una clara alusión al séptimo día de la creación (Gn 2:2) en el que Dios descansó. En la mentalidad judía, el sábado (Sabbat) es el día de reposo y es la imagen de la plenitud del mundo que está por venir. La Buena Nueva fue anunciada tanto a Israel como a los paganos y para ambos está abierta la invitación a entrar en el descanso de Dios.

El autor afirma que para el pueblo de Israel, el mensaje que ellos oyeron no les valió porque no se unieron por la fe con aquellos que la aceptaron. Los que han creído entrarán en ese descanso. Todavía quedan algunos por entrar en ese descanso, Dios mismo lo ha señalado. La posibilidad de entrar sigue vigente; en ese descanso todas las preocupaciones ya no existen porque hasta Dios mismo descansó de sus obras. El autor los exhorta a esforzarse por entrar en ese descanso para que nadie caiga en la rebeldía. Todo lo que las personas necesitan hacer es escuchar la voz del Señor, o sea, escuchar su Palabra para de esa manera no endurecer su corazón.

La Palabra de Dios es viva y eficaz y más cortante que espada de dos filos. La Palabra de Dios penetra hasta la separación de alma y espíritu, articulaciones y médula; discierne los sentimientos y pensamientos del corazón. Este es el poder da la Palabra viva de Dios, Jesucristo. No hay nada que se pueda ocultar de esta Palabra, todo está a su vista y expuesto a sus ojos. Es a la Palabra de Dios a la que rendiremos cuentas. Es la aceptación de esta voz, Palabra, que se ha hecho carne, a la que debemos escuchar. Si escuchas a Jesucristo, voz de Dios, no endurezcas tu corazón.

4:14-16: Jesús, Sumo Sacerdote

Jesucristo ha abierto las puertas del descanso sabático de Dios. En este descanso tenemos a Jesús, Hijo de Dios y sumo sacerdote. Él ha penetrado el cielo y, al mantenernos firmes en nuestra fe, nosotros también penetraremos el cielo y estaremos en ese eterno descanso de Dios. Jesucristo es nuestra garantía, apoyo y sostén en esta jornada porque él nos entiende ya que compartió nuestra naturaleza humana. Jesús es compasivo y fiel. Estos son dos atributos de Dios en el Antiguo Testamento; el Señor es compasivo y misericordioso (Ex 34:6). A Jesús se le conmueven las entrañas ante el sufrimiento humano igual que al Señor mismo (Jr 31:20). El Hijo de Dios, Jesús, porque conoce la debilidad de nuestra carne en su ser, viene en nuestro auxilio a rescatarnos y llevarnos al trono mismo de nuestro Dios.

5:1-10: Jesús, Sacerdote sufriente

En este pasaje el autor de la carta nos explica en qué consiste la mediación sacerdotal de Cristo Jesús. Lo hace comparándolo con el sacerdocio de Israel. En el sacerdocio de Israel todo sumo sacerdote fue elegido entre los hombres y nombrado su representante ante Dios. Es elegido para ofrecer dones y sacrificios por los pecados del pueblo. El sumo sacerdote es llamado, es una vocación, es una elección por parte del pueblo. Lo eligen para servir al pueblo mediante el culto sacro a Dios. Este sumo sacerdote es colocado aparte de todos para ofrecer y sacrificar.

Sin embargo, esta persona elegida está sujeta a la debilidad humana y por tal razón tiene que ofrecer sacrificios por sus propios pecados, al igual que por los del pueblo. Este sacerdote va a gozar de cierta intimidad con Dios y solidaridad con los pecadores porque también él es pecador. Nadie en Israel podía tomar tal dignidad para sí mismo si no era llamado por Dios como en el caso de Aarón. Aarón era hermano de Moisés y de su descendencia nació la clase sacerdotal (Ex 28:1).

Este es el trasfondo histórico que nos presenta el autor para hablar del sacerdocio de Cristo. El sacerdocio de Cristo es algo totalmente nuevo. Cristo redefine lo que es el sacerdocio y la función sacerdotal. Primero que nada, Cristo no se atribuyó a sí mismo el honor de ser sacerdote, sino que lo recibió de lo alto: "Hijo mío eres tú; yo te he engendrado hoy" (Heb 5:5) y "Tú eres sacerdote para la eternidad, a la manera de Melquisedec" (Heb 5:6). A Jesús ningún ser humano lo elige y él no viene de la línea sacerdotal de Aarón; Jesús viene de la tribu de Judá y no de Leví. El sacerdocio de Cristo es una ruptura con el sacerdocio de Israel, que era algo pasajero y necesario en su momento. Ahora en Jesucristo hemos entrado a una nueva realidad, la era escatológica en donde Él es nuestro sumo y eterno sacerdote.

El autor introduce la vida de Jesús como un continuo sacrificio. Jesús es una ofrenda sacerdotal que vive en plena solidaridad con el pueblo, ya que él dirigió peticiones y súplicas con clamores y lágrimas a Dios que podía librarlo de la muerte (su pasión y llanto en Getsemaní). Dios lo escuchó. A pesar de ser Hijo de Dios, aprendió a obedecer mediante el sufrimiento. Al igual que el siervo sufriente que nos presenta Isaías, Jesús ¡Eran nuestras dolencias las que él llevaba y nuestros dolores los que soportabas! (Is 53:3). Esta es la manera como Jesús alcanzó la perfección y llegó a ser para todo el que lo obedece causa de salvación eterna. Por todo esto Dios proclamó a Jesús sumo sacerdote según el orden de Melquisedec.

Preguntas de reflexión

1. ¿Qué es lo que más te llamó la atención sobre el "hoy" de Dios?
2. ¿De qué maneras vives el descanso en Dios en tu vida cotidiana? ¿De qué maneras vives el domingo como día de descanso?
3. ¿Qué relación ves entre el sacerdocio de Cristo y nuestros sacerdotes de la Iglesia Católica? ¿Qué semejanzas encuentras?

Oración final (ver página 17)

La oración final se dice antes o después del ejercicio de *lectio divina*.

Lectio divina (ver página 9)

Relaja tu cuerpo y mantén una postura de oración (sentado, ojos cerrados, ambos pies en el piso). Este ejercicio puede tomar el tiempo que sea necesario. En el contexto de este estudio de Biblia, de 10 a 20 minutos son suficientes. El propósito de la *lectio divina* es ayudarte a entrar en la dinámica de la lectura orante mediante la meditación, la oración y la contemplación de la Palabra de Dios; que puedas entablar un diálogo con Dios en lo más íntimo de tu corazón. Ve la página 9 para más instrucciones.

El hoy de Dios (3:7–19)

Lectura: Amigo y amiga, si hoy escuchas su voz, no endurezcas tu corazón como cuando lo irritaron en el día de la prueba en el desierto. A pesar de que habían visto las maravillas de Dios, lo pusieron a prueba y lo tentaron. Este pueblo pecó de incrédulo y por eso no entró en la tierra que Dios les había prometido.

Meditación: ¿Qué te dice el texto bíblico en este día? Deja que el Señor te examine por medio de su Palabra. No son palabras del pasado sino del presente. Amigo y amiga, ¿cuántas veces han tentado a Dios? ¿Cuántas veces has endurecido tu corazón y no has escuchado su voz? ¿Qué te está diciendo su Palabra en este momento? Comparte tus reflexiones con los demás.

Oración: Después de la meditación pasamos al momento de la oración. ¿Qué le vas a decir al Señor como respuesta a su Palabra? Ofrécele un verdadero momento de silencio para que su Palabra consuma tu mente y tu corazón. Después de este momento de silencio todos juntos oren:

Si hoy escuchan su voz, no endurezcan el corazón cuando lo irritaron,

el día de la prueba en el desierto, cuando sus padres me pusieron a prueba

y me tentaron, aunque habían visto mis acciones durante cuarenta años.

Contemplación: ¿Qué conversión de la mente, del corazón y de tu vida te pide el Señor? ¡Amigo y amiga, dale tu mente, tu corazón y tu vida al Señor! Solo Él sabe lo que hay en tu corazón, ¡no tengas miedo!

Acción: En este último paso de la *lectio* la pregunta fundamental es: ¿qué acciones vas a emprender hoy para poner en práctica este mensaje? Que el Señor te conceda las gracias que necesitas para encarnar su mensaje y transmitirlo a los demás.

El descanso (4:1-13)

Lectura: Amigo y amiga, el texto nos invita a esforzarnos por entrar en el descanso de Dios para que nadie caiga imitando el tiempo de rebeldía del pueblo en el desierto. Para entrar a este descanso es necesario escuchar la voz de Dios, escuchar su Palabra. La Palabra de Dios es viva y eficaz y más cortante que espada de dos filos; penetra hasta la separación de alma y espíritu, articulaciones y médula, y discierne sentimientos y pensamientos del corazón. Nadie se puede ocultar a su vista ya que lo ve todo. A esta Palabra todos hemos de rendir cuentas.

Meditación: ¿Qué te dice el texto bíblico en este día? Deja que el Señor te examine por medio de su Palabra. No son palabras del pasado sino del presente. Amigo y amiga, a esto es a lo que hemos estado invitados desde el principio, a entrar en ese eterno descanso de Dios. En ese descanso donde ya no hay ninguna preocupación, ni penas, ni llantos, ni necesidades, nuestra esperanza como cristianos es llegar a esa Tierra Prometida. Lo único necesario es escuchar la Palabra de Dios y tener fe en la eficacia de esa Palabra, Jesucristo. Tener fe en Jesucristo es absolutamente necesario. Dejarnos atrapar por Él, dejarnos amar por Él, dejarnos anonadar por Él y responder a ese inmenso amor de Dios en la persona del Hijo. ¿Por qué nos cuesta tanto creer esto? ¿Por qué vivimos una vida tan incrédula? La invitación que no hace el Señor es que nos dejemos arrebatar por su Palabra. Comparte tu reflexión con los demás.

Oración: Después de la meditación pasamos al momento de la oración. ¿Qué le vas a decir al Señor como respuesta a su Palabra? Ofrécele un verdadero momento de silencio para que su Palabra consuma tu mente y tu corazón.

Contemplación: ¿Qué conversión de la mente, del corazón y de tu vida te pide el Señor? ¡Amigo y amiga, dale tu mente, tu corazón y tu vida al Señor! Solo Él sabe lo que hay en tu corazón, ¡no tengas miedo!

Acción: En este último paso de la *lectio* la pregunta fundamental es: ¿qué acciones vas a emprender hoy para poner en práctica este mensaje? Que el Señor te conceda las gracias que necesitas para encarnar su mensaje y transmitirlo a los demás.

Jesús, sacerdote sufriente (5:1–10)

Lectura: Amigo y amiga, durante toda su vida mortal, Cristo dirigió peticiones y súplicas, con gran clamor y lágrimas, a Dios que podía liberarlo de la muerte. Aunque Jesús era Hijo de Dios, aprendió sufriendo a obedecer y de esta manera alcanzó la perfección y llegó a ser para cuantos le obedecen causa de salvación. Por esto Dios lo proclamó sumo sacerdote según el orden de Melquisedec.

Meditación: ¿Qué te dice el texto bíblico en este día? Deja que el Señor te examine por medio de su Palabra. No son palabras del pasado sino del presente. Amigo y amiga, en el bautismo somos configurados con Cristo y pasamos a ser una nueva creación. Mediante las aguas del bautismo somos lavados y mediante la unción con el santo crisma somos ungidos como profetas, reyes y sacerdotes en Cristo. En esta breve meditación sería conveniente hacerse algunas preguntas. ¿De qué manera vivo mi sacerdocio? ¿Lo vivo igual que Cristo? ¿Acaso huyo del sufrimiento salvífico y he vaciado el sentido del sacerdocio que Cristo me ha dado? Comparte con los demás tus reflexiones.

Oración: Después de la meditación pasamos al momento de la oración. ¿Qué le vas a decir al Señor como respuesta a su Palabra? Ofrécele un verdadero momento de silencio para que su Palabra consuma tu mente y tu corazón.

Contemplación: ¿Qué conversión de la mente, del corazón y de tu vida te pide el Señor? ¡Amigo y amiga, dale tu mente, tu corazón y tu vida al Señor! Solo Él sabe lo que hay en tu corazón, ¡no tengas miedo!

Acción: En este último paso de la *lectio* la pregunta fundamental es: ¿qué acciones vas a emprender hoy para poner en práctica este mensaje? Que el Señor te conceda las gracias que necesitas para encarnar su mensaje y transmitirlo a los demás.

Día 1: Un llamado a la madurez (5:11-14)

El autor afirma que, después de tanto tiempo, los destinatarios de sus carta e, implícitamente, también nosotros en el tiempo presente, deberíamos ser maestros de la fe. Es necesario, según juzga el autor, enseñar nuevamente las primeras nociones del mensaje de Dios. Los destinatarios de esta carta están necesitados de leche y no de alimento sólido. Por estas palabras se puede deducir que muchos estaban empezando a dudar sobre la eficacia de la fe recibida; algunos tal vez estaban en algún tipo de desesperación. Los que viven de leche, afirma el autor, son criaturas y por tanto incapaces de juzgar correctamente. El alimento sólido es para aquellos que están maduros en el conocimiento de la fe. Ellos son lo que, con práctica y entrenamiento, saben distinguir el bien del mal.

Lectio divina

Siguiendo los pasos de la *lectio*, dedica entre 8 y 10 minutos en silencio a meditar, orar y contemplar el siguiente pasaje:

> Quien vive de leche es una criatura y es incapaz de juzgar correctamente. El alimento sólido es para los maduros (Heb 5:13).

Amigo y amiga, ¿qué acciones vas a emprender hoy para poner en práctica este mensaje?

Día 2: Un llamado a la perseverancia (6:1-12)

El autor afirma que dejará a un lado los aspectos elementales de la doctrina cristiana y se ocupará de cosas más profundas, más "maduras". Es inconcebible echar de nuevo cimientos a una casa que ya los tiene. ¿Qué es lo básico de la fe cristiana? El arrepentimiento de las obras que llevan a la muerte, esto es, el pecado, la fe en Dios, la doctrina sobre el bautismo y la imposición de las manos –la ordenación–; la resurrección de los muertos y el juicio definitivo. El autor agrega que una vez que una persona conoce y ha saboreado las delicias celestiales de Dios y después lo rechaza totalmente, es como si de nuevo crucificara y se burlara del Hijo de Dios, Jesús. Los que han permanecido fieles a la enseñanza cristiana son como la buena tierra que bebe la lluvia y da frutos. Los que han apostatado terminarán por ser quemados.

El autor al final hace una exhortación a los hermanos. Les dice que él cree que ellos conocen bien su fe. Dios no se olvida de sus obras ni del amor que mostraron en su nombre mediante su servicio a los consagrados. El gran deseo del autor es que permanezcan fieles hasta el final y con mucho entusiasmo. Les pide que no se vuelvan perezosos sino imitadores de los que heredan la promesa de Dios por la fe y la paciencia. A final de cuentas, el autor los trata como adultos en la fe a los que no se les tiene que repetir las enseñanzas fundamentales de la fe cristiana. Los invita y reta a entrar a una más profunda reflexión sobre lo que han recibido.

Lectio divina

Siguiendo los pasos de la *lectio*, dedica entre 8 y 10 minutos en silencio a meditar, orar y contemplar el siguiente pasaje:

> Una tierra que bebe la lluvia frecuente y produce plantas útiles para los que la cultivan recibe una bendición de Dios; pero si da cardos y espinas, es inútil y poco menos que maldita, y terminará quemada (Heb 6:7–8).

Amigo y amiga, ¿qué acciones vas a emprender hoy para poner en práctica este mensaje?

Día 3: La perseverancia de Abrahán (6:13–20)

El autor, para animar aún más a la comunidad a perseverar en este camino, presenta el ejemplo de Abrahán. Dios juró por sí mismo que bendeciría a Abrahán y multiplicaría su descendencia. Abrahán, fiel a esa promesa, tuvo paciencia y alcanzó lo prometido por Dios. Dios ha jurado por sí mismo y no hay poder más grande que el de Él, pues es fiel a sus promesas. De esta manera tenemos dos realidades seguras: la promesa y el juramento en los que Dios no puede mentir. Dios no puede negarse a sí mismo, de lo contario ¿a qué tipo de Dios adoramos? En esta promesa y juramento hemos buscado refugio para aferrarnos a la esperanza que Dios mismo nos ofrece. Esa esperanza nos da consuelo en los momentos más difíciles. El autor utiliza la imagen del ancla para referirse a la esperanza. Esta esperanza cristiana penetra más allá de la cortina del Templo. Nuestra esperanza llega hasta el cielo, sí, ahí donde Jesús entró por todos nosotros; dado que Él ha entrado, nosotros aferrándonos a Él firmemente, entraremos al cielo de igual manera.

Lectio divina

Siguiendo los pasos de la *lectio*, dedica entre 8 y 10 minutos en silencio a meditar, orar y contemplar el siguiente pasaje:

> Esta esperanza es como un ancla firme y segura del alma, que penetra más allá de la cortina del Templo, allí donde Jesús entró por nosotros, como precursor, nombrado sumo sacerdote perpetuo según el orden de Melquisedec (Heb 6:19–20).

Amigo y amiga, ¿qué acciones vas a emprender hoy para poner en práctica este mensaje?

Día 4: Melquisedec y Jesucristo (7:1–10)

Probablemente la referencia o expresión "Jesucristo sacerdote según la línea de Melquisedec" nos parezca extraña e incomprensible. Sin embargo, es importante recordar que los destinatarios de esta carta eran judeocristianos y, por lo mismo, estaban familiarizados, como todos los judíos, con el carácter misterioso de Melquisedec. El autor de esta carta lo toma como imagen y figura del sacerdocio de Cristo para afirmar la superioridad y novedad absoluta de Cristo en contraste con el sacerdocio tradicional del Templo de Jerusalén. El autor va a aplicar a Cristo todo lo referente a Melquisedec. Títulos tales como "sacerdote del Dios altísimo" (Gn 14:18) los aplica a Cristo. El origen del sacerdocio de Cristo se remonta al mismo origen del misterio de Dios. De nuevo, el autor utiliza el misterio que encierra al personaje de Melquisedec como imagen y figura del sacerdocio de Cristo. Pero el sacerdocio de Cristo es aún más grande. Por lo tanto, si el pueblo de Israel vivía fascinado por este personaje, el misterio del sacerdocio de Cristo es todavía más grande y accesible para todos.

Lectio divina

Siguiendo los pasos de la *lectio*, dedica entre 8 y 10 minutos en silencio a meditar, orar y contemplar el siguiente pasaje:

El nombre de Melquisedec quiere decir en primer lugar Rey de Justicia, después, Rey de Salem, que significa Rey de Paz. Figura sin padre ni madre, sin genealogía, sin principio ni fin de su vida, y así, a semejanza del Hijo de Dios, sigue siendo sacerdote por siempre (Heb 7:2–3).

Amigo y amiga, ¿qué acciones vas a emprender hoy para poner en práctica este mensaje?

Día 5: Melquisedec y Jesucristo (7:11–28)

Jesús pertenece a otra tribu, de la cual nadie ha oficiado en el altar; Él procede de la tribu de Judá la cual no tiene ninguna relación con los sacerdotes. Cristo, nuestro nuevo y sumo sacerdote, no recibe el título en virtud de una ley de sucesión carnal, como en el caso de la tribu de Leví, sino por la fuerza de una vida indestructible. En Jesucristo queda destruido el mandato anterior por ser inútil e ineficaz, ya que la ley no lleva a la perfección. A diferencia del sacerdocio de los descendientes de Leví que lo recibían sin juramento, Jesús recibe su sacerdocio con el juramento de Dios mismo. Dios profesa "Juró el Señor y no volverá atrás: Tú eres sacerdote para la eternidad" (Heb 7:21).

Esta es la razón por la que la nueva alianza con Jesús es más valiosa. Los sacerdotes de la tribu de Leví al final morían. Jesucristo no muere, Él permanece para siempre y su sacerdocio no pasa. Todos tienen acceso a la salvación por medio de él; todo el que acuda a Cristo recibe compasión y misericordia. Cristo vive por siempre para interceder por todos nosotros. Jesucristo es el eterno sacerdote que la humanidad necesitaba: santo, inocente, sin mancha, no cometió pecado y ha sido ensalzado en el cielo. Nuestro sumo sacerdote, Jesucristo, no necesita ofrecer sacrificio cotidiano, su sacrificio lo hizo de una vez y por todas, para siempre. Su sacrificio es perfecto y eterno.

Lectio divina

Siguiendo los pasos de la *lectio*, dedica entre 8 y 10 minutos en silencio a meditar, orar y contemplar el siguiente pasaje:

> Él es el sumo sacerdote que necesitábamos: santo, inocente sin mancha, apartado de los pecadores, ensalzado sobre el cielo (Heb 7:26).

Amigo y amiga, ¿qué acciones vas a emprender hoy para poner en práctica este mensaje?

Preguntas de reflexión

1. ¿Te consideras un niño o un adulto en la fe? ¿Por qué?
2. Reflexionando sobre tu conocimiento de la fe cristiana, ¿crees que alguien necesite explicarte de nuevo los fundamentos básicos o te consideras ya un maestro de lo más básico? ¿Por qué?
3. ¿Qué es lo que más te llamó la atención de la relación entre Melquisedec y Jesucristo? ¿Por qué?

Carta a los Hebreos III: la Nueva Alianza y la eficacia del sacrificio de Cristo

HEBREOS 8:1–13:25

"En cambio, Cristo, ha venido como sumo sacerdote de los bienes futuros. Él a través de una morada mejor y más perfecta, no hecha a mano, es decir, no de este mundo creado, llevando no sangre de cabras y becerros, sino su propia sangre, entró de una vez para siempre en el santuario y logró el rescate definitivo" (Heb 9:11–12).

Oración inicial (ver página 17)

Contexto

Parte 1. Hebreos 8:1–11:40: El autor llega al punto central de su exposición: Jesucristo, como sumo sacerdote de Dios inaugura una Nueva Alianza. Jesucristo es el nuevo ministro del santuario y de la verdadera morada construida por Dios y no por seres humanos. Es mediante el sacrificio de Cristo que ahora podemos gozar de los bienes futuros y no temporales. Con su propia sangre, y no la sangre de cabras y becerros, entra de una vez para siempre en el santuario celeste y logra el rescate definitivo. Cristo entra en un santuario no hecho por manos humanas, sino al mismo cielo. El Templo de Jerusalén era una imagen del cielo más no el cielo mismo. Cristo se presenta a nuestro favor ante Dios para darnos acceso directo a todos.

El sacerdocio de Cristo no es como el de los sacerdotes de Israel, que tenían que oficiar cada día y ofrecer muchas veces los mismos sacrificios. Cristo se ofrece de una vez y por todas, para siempre, ya no hay necesidad de más sacrificios porque por Él el sacrificio perfecto para Dios ya se ha dado. Por último, el autor nos presenta en su carta toda una joya teológica sobre la naturaleza de la fe y la esperanza. Nuestra fe y esperanza están arraigadas y proceden de una persona, Jesucristo, Hijo de Dios, sumo y eterno sacerdote.

Parte 2. Hebreos 12:1–13:25: Jesús es el testigo supremo de la fe. Él sufrió en la cruz, despreció la humillación y se ha sentado a la derecha del trono de Dios. El autor anima a sus lectores a buscar la paz y la santificación para poder ver a Dios. Les pide estar atentos para que nadie sea privado de la gracia de Dios. Por último, da exhortaciones para que vivan su sacerdocio todos los consagrados a Dios. Esta exhortación es una verdadera joya sobre la manera como los cristianos deben vivir.

ESTUDIO EN GRUPO (HEB 8:1–11:40)

Leer el texto en voz alta.

8:1–13: La Nueva Alianza

Este es el punto central de la carta. Todo lo que ha venido explicando y exponiendo tiene como finalidad presentar a Cristo como la Nueva Alianza de Dios con nosotros. En Jesucristo, tenemos un sumo sacerdote que se ha sentado en el cielo a la derecha del trono de Dios. Jesucristo es el ministro del santuario y de esa verdadera morada que ha sido construida por el Señor y no por manos humanas. En Israel, todo sumo sacerdote era nombrado (llamado – seleccionado) para ofrecer dones y sacrificios. Sin embargo, el sumo sacerdote también necesitaba ofrecer algo por sus pecados personales. El culto que ellos oficiaban era una figura y sombra de las realidades celestiales, no era la realidad eterna en sí misma. Hacían todo según el modelo presentado.

La novedad con Jesucristo es que Él ha recibido un ministerio superior; Él es mediador de una alianza superior fundada sobre promesas mejores ya que la primera Alianza no fue irreprochable, debido a que todos seguían pecando. El argumento del autor se basa en las Escrituras del Antiguo Testamento, en el profeta Jeremías, al decir "pondré mi ley en su interior, y sobre sus corazones la escribiré; yo seré su Dios y ellos serán mi pueblo" (Jr 31:33). Dios establecerá una Nueva Alianza y la Antigua Alianza desaparecerá. La Nueva Alianza estará abierta a todos.

9:1-10: Preparación para la venida de Cristo

El autor nos da una descripción de las disposiciones de culto de la primera alianza. Esta alianza contenía varias disposiciones sobre el culto y el santuario terrestre. En el llamado "El santo", se instaló el primer recinto, y en este lugar se encontraban el candelabro y la mesa de los panes presentados. Detrás de la segunda cortina de la Tienda del Encuentro había otro recinto llamado "El santísimo". Ahí estaban colocados el altar de oro y el arca de la Alianza, que estaba revestida de oro. ¿Qué había en el arca de la alianza? Una jarra de oro con maná, la vara florecida de Aarón y las tablas de la Alianza (los Diez Mandamientos). Encima del arca estaban los querubines de la Gloria que daban sombra a la placa expiatoria, también llamada el propiciatorio.

El autor cree conveniente dar a grandes rasgos una descripción de la Tienda del Encuentro del pueblo de Dios para después poder hacer la comparación con Cristo sumo sacerdote. Una vez que todo estaba debidamente instalado, los sacerdotes entraban continuamente en el primer recinto para oficiar allí. En el segundo recinto entraba solo el sumo sacerdote, una vez al año. El sumo sacerdote lleva la sangre que ofrece por sus faltas y por las del pueblo. Estos son solo símbolos del tiempo presente, argumenta el autor. Lo que en el santuario se ofrece jamás puede llegar a la perfección, ya que son tan solo comidas, bebidas y ceremonias de purificación que siguen de manera perpetua. Iban a continuar hasta el momento en el que Dios cambiara las cosas.

9:11-22: El sacrificio de Cristo

Ahora el autor presenta la gran novedad en Cristo Jesús. Cristo ha venido como sumo sacerdote de los bienes futuros. Jesucristo, a través de una morada mejor y más perfecta y con su propia sangre, entró de una vez para siempre en el santuario de Dios y logró el rescate definitivo. Si la sangre de cabras y toros, y la ceniza de una becerra son capaces de santificar a los profanos con una pureza corporal, cuanto más la sangre de Cristo. Cristo, por el Espíritu eterno, se ofreció sin mancha a Dios, purifica nuestras conciencias de todo aquello que conduce a la muerte para que de esa manera todos podamos dar culto al Dios vivo. Cristo es mediador de la Nueva Alianza ya que, habiendo muerto por la redención de los pecados cometidos durante la primera Alianza de Dios con su pueblo, los llamados pueden ahora recibir la herencia eterna prometida. Esa herencia eterna es la Tierra Prometida a Abrahán. El derramamiento de la sangre de Cristo, un ser humano puro y sin mancha, hace posible el perdón de los pecados del pueblo. Dios hace justicia con nosotros en la humanidad de Cristo.

9:23-28: El santuario

Cristo entró, no en un santuario hecho por manos humanas, sino en el mismo cielo. Ahora él se presenta ante Dios a favor nuestro. Cristo ha tomado todas nuestras culpas en su humanidad y ha pagado el precio de nuestra salvación con su propia sangre. Es la sangre de un ser humano sin mancha, y no de cabras y becerros que jamás hubiesen podido hacer justicia a la maldad del ser humano. El símbolo no era la realidad, era solo una prefiguración de lo que estaba por venir: Jesucristo Sumo Sacerdote, víctima y salvador nuestro. Como Cristo ha entrado al cielo mismo, ya no hay necesidad de más sacrificios simbólicos.

Cristo ha llegado al final de los tiempos para destruir de una sola vez con su sacrificio todos los pecados del pueblo. El destino de los seres humanos es morir una vez y ser juzgados, así también Cristo se ha ofrecido una vez para quitarnos los pecados y también aparecerá por segunda vez para salvar a los que esperan en Él.

10:1-18: Eficacia del sacrificio de Cristo y el sacerdocio de los creyentes

El autor de la carta afirma que el mismo sacrificio que consagra a Cristo como sacerdote, nos consagra también a nosotros por la ofrenda del cuerpo del Señor, ofrenda que se ha hecho de una vez para siempre. El sacerdocio de Cristo nos hace a todos los creyentes sacerdotes como Él y esta realidad comienza en el bautismo. Cristo, ya que nos hace participes de su sacerdocio, nos da la posibilidad de ofrecer nuestras obras con amor para servir a Dios. Nos da la posibilidad de ofrecernos a nuestros hermanos como sacrificios agradables a Dios Padre. Esta es la manera por excelencia como quedamos incorporados para siempre al sacrificio de Cristo. En el bautismo hemos sido ungidos y consagrados profetas, reyes y sacerdotes. Ahora somos miembros de una nación santa, de un pueblo real y de un sacerdocio perpetuo para la mayor gloria y honor de Dios Padre eterno.

10:19-39: Exhortación

El autor afirma que es por la sangre de Jesús que tenemos acceso libre al santuario. Ahora tenemos en Jesús un sacerdote ilustre a cargo de la casa de Dios, la Iglesia, el pueblo de la Nueva Alianza. La respuesta del consagrado es acercarse con un corazón sincero, lleno de fe, purificado de todo mal pensamiento y lavado por fuera con agua pura. El autor los exhorta a mantener sin desviaciones la confesión de la esperanza cristiana, ya que Dios Padre y Jesucristo son fieles y compasivos.

El autor hace un serio llamado a obrar de manera recta y justa. Esta es la manera como el cristiano, que se sabe amado por Dios, debe obrar. El cristiano debe animar a otros a amar y a hacer buenas obras. Deben asistir a las reuniones y, sobre todo, en el día del Señor, lo que es una referencia a la celebración de la eucaristía dominical. El autor es muy severo al afirmar que si después de recibir el conocimiento de la verdad uno peca deliberadamente, o sea cae en lo que llamamos pecado grave, ya no queda otro sacrificio por tales pecados y la persona ahora tiene que esperar hasta el juicio y el fuego voraz que consumirá a los rebeldes. Se puede apreciar que para el autor, el entregarse a Cristo implicaba un cambio total de vida.

Ya no se puede dar marcha atrás y seguir viviendo como se vivía antes del encuentro con Jesucristo.

Los anima a recordar cómo fueron los primeros días después de haber sido iluminados (iniciados en la fe). Ellos sostuvieron el duro combate, desde ser expuestos públicamente a injurias y malos tratos hasta ser encarcelados. Aceptaron gozosamente ser privados de sus bienes, ya que se sabían poseedores de bienes mayores y permanentes. Por estas razones, el autor les pide que no pierdan la confianza, ya que esta les traerá la vida eterna. Por último, les dice que les hace falta la paciencia para cumplir la voluntad de Dios y obtener lo que Dios mismo les ha prometido. Afirma que salvarán su vida por la fe.

11:1–40: La fe–esperanza

En este capítulo el autor nos presenta una gran definición de lo que es la fe. Después hace un breve recorrido a través de los grandes personajes de la historia del pueblo de Dios, que fueron ejemplos de confianza en Dios. La fe es lo que los mantuvo siempre fieles. Sin embargo, ninguno de estos personajes, aunque fueron probados en la fe, alcanzó lo prometido, ya que Dios nos reservaba un plan mejor. El autor define la fe como "la garantía de lo que se espera, la prueba de lo que no se ve" (Heb 11:1). Por la fe comprendemos que lo que existe fue creado por la Palabra de Dios. Lo visible fue creado a partir de lo invisible y esa misma Palabra mantiene todo en existencia. Esta fe nos mantiene firmes en lo que todavía no vemos; pero sabemos que es verdadero porque Cristo nos lo ha dicho.

Preguntas de reflexión

1. ¿Qué es lo que más te llama la atención y lo que más te gusta de un templo cristiano? ¿Por qué?
2. Después de leer sobre Cristo como sumo sacerdote y cómo nos redime con su sangre, ¿piensas que la Misa es una obligación o un privilegio? ¿Por qué?
3. ¿De qué maneras vives activamente tu fe en Cristo? ¿Cómo ayudas a los demás a vivir su fe?

4. ¿Cuál es tu definición de fe? ¿Conoces a personas cuya fe refleja la definición que nos da el autor de esta carta? ¿De qué maneras te han inspirado estas personas a vivir más plenamente tu fe cristiana?

Oración final (ver página 17)

La oración final se dice antes o después del ejercicio de *lectio divina*.

Lectio divina (ver página 9)

Relaja tu cuerpo y mantén una postura de oración (sentado, ojos cerrados, ambos pies en el piso). Este ejercicio puede tomar el tiempo que sea necesario. En el contexto de este estudio de Biblia, de 10 a 20 minutos son suficientes. El propósito de la *lectio divina* es ayudarte a entrar en la dinámica de la lectura orante mediante la meditación, la oración y la contemplación de la Palabra de Dios; que puedas entablar un diálogo con Dios en lo más íntimo de tu corazón. Ve la página 9 para más instrucciones.

La Nueva Alianza (8:1–13)

Lectura: Amigo y amiga, en Cristo tenemos un sumo sacerdote que se ha sentado a la derecha del trono de Dios. El autor de la carta invoca las palabras del profeta Jeremías para afirmar que la alianza que el Señor hará con la Casa de Israel en el futuro, es una en la que Él pondrá su ley en la conciencia del pueblo, es decir, escribirá su ley en los corazones. De esta manera Él será su Dios y ellos serán su pueblo.

Meditación: ¿Qué te dice el texto bíblico en este día? Deja que el Señor te examine por medio de su Palabra. No son palabras del pasado sino del presente. Amigo y amiga, para esta breve meditación sería conveniente hacerse la pregunta, ¿tengo la ley de Dios grabada en mi corazón? Si es así, ¿refleja mi conducta la ley de Dios que llevo en mi corazón? Tómate unos momentos para compartir tus reflexiones con los demás.

Oración: Después de la meditación pasamos al momento de la oración. ¿Qué le vas a decir al Señor como respuesta a su Palabra? Ofrécele un verdadero momento de silencio para que su Palabra consuma tu mente y tu corazón. Después todos juntos oren:

Señor Jesucristo,

dame un corazón para poder amar más plenamente,

dame tu corazón para amar como tú amas.

Deja que tu ley se apodere de mi corazón

para que de esa manera yo sea para otros

una llama de amor vivo. Amén.

Contemplación: ¿Qué conversión de la mente, del corazón y de tu vida te pide el Señor? ¡Amigo y amiga, dale tu mente, tu corazón y tu vida al Señor! Solo Él sabe lo que hay en tu corazón, ¡no tengas miedo!

Acción: En este último paso de la *lectio* la pregunta fundamental es: ¿qué acciones vas a emprender hoy para poner en práctica este mensaje? Que el Señor te conceda las gracias que necesitas para encarnar su mensaje y transmitirlo a los demás.

Eficacia del sacrificio de Cristo y el sacerdocio de los creyentes (10:1–18)

Lectura: Amigo y amiga, en virtud de la voluntad de Dios, hemos quedado consagrados por la ofrenda del cuerpo de Jesucristo, hecha de una vez para siempre. Todos los sacerdotes de Israel tenían que oficiar cada día y ofrecer muchos sacrificios que nunca quitaban los pecados. Cristo, en cambio, después de ofrecer un único sacrificio por los pecados, se ha sentado para siempre a la derecha de Dios. Por su único sacrificio llevó a la perfección definitiva a los consagrados.

Meditación: ¿Qué te dice el texto bíblico en este día? Deja que el Señor te examine por medio de su Palabra. No son palabras del pasado sino del presente. Amigo y amiga, ahora nosotros ya participamos del sacerdocio de Cristo. Tal realidad es un don de la gracia de Dios. Es un don porque nos hace partícipes del plan de redención que Dios ha llevado a cabo por medio de su Hijo. Este don también nos da responsabilidades. ¿Santificas diariamente tu trabajo y tus relaciones con las demás personas? ¿Ofreces sacrificios por los demás? Comparte brevemente con los demás tus reflexiones.

Oración: Después de la meditación pasamos al momento de la oración. ¿Qué le vas a decir al Señor como respuesta a su Palabra? Ofrécele un verdadero momento de silencio para que su Palabra consuma tu mente y tu corazón.

Contemplación: ¿Qué conversión de la mente, del corazón y de tu vida te pide el Señor? ¡Amigo y amiga, dale tu mente, tu corazón y tu vida al Señor! Solo Él sabe lo que hay en tu corazón, ¡no tengas miedo!

Acción: En este último paso de la *lectio* la pregunta fundamental es: ¿qué acciones vas a emprender hoy para poner en práctica este mensaje? Que el Señor te conceda las gracias que necesitas para encarnar su mensaje y transmitirlo a los demás.

La fe–esperanza (11:1–40)

Lectura: Amigo y amiga, el autor define la fe como "la garantía de lo que se espera, la prueba de lo que no se ve" (Heb 11:1). Por la fe comprendemos que lo que existe fue creado por la Palabra de Dios. Lo visible fue creado a partir de lo invisible y esa misma Palabra mantiene todo en existencia. Esta fe nos mantiene firmes en lo que todavía no vemos; pero que sabemos que es verdadero porque Cristo lo ha mostrado.

Meditación: ¿Qué te dice el texto bíblico en este día? Deja que el Señor te examine por medio de su Palabra. No son palabras del pasado sino del presente. Si hay algo verdaderamente difícil para el ser humano es creer en algo que no puede ver. Somos seres que aprendemos mediante los sentidos y todo aquello que no se puede probar empíricamente, tendemos a llamarlo fábula o ficción. Nuestra esperanza cristiana se basa en la fe en Jesucristo. Creemos en el testimonio vivo de la Iglesia que se ha manifestado a través de los siglos. Llega un momento en el que afirmamos que tenemos fe, pero nuestra vida refleja cierta incredulidad. En esta breve meditación debemos hacernos la siguiente pregunta: ¿vivo realmente una vida de fe en Cristo Jesús? ¿Creo en aquello que aún no puedo ver? ¿Espero de manera activa esa garantía que la fe me da? Comparte con los demás tus ideas.

Oración: Después de la meditación pasamos al momento de la oración. ¿Qué le vas a decir al Señor como respuesta a su Palabra? Ofrécele un verdadero momento de silencio para que su Palabra consuma tu mente y tu corazón. Pídele que incremente el don de la fe en tu vida personal.

Contemplación: ¿Qué conversión de la mente, del corazón y de tu vida te pide el Señor? ¡Amigo y amiga, dale tu mente, tu corazón y tu vida al Señor! Solo Él sabe lo que hay en tu corazón, ¡no tengas miedo!

Acción: En este último paso de la *lectio* la pregunta fundamental es: ¿qué acciones vas a emprender hoy para poner en práctica este mensaje? Que el Señor te conceda las gracias que necesitas para encarnar su mensaje y transmitirlo a los demás.

ESTUDIO INDIVIDUAL (HEB 12:1–13,25)

Día 1: Jesús, el testigo supremo de la fe (12:1-4)

El autor, después de mencionar a numerosos testigos de la fe, pasa al testigo supremo de la fe: Jesús. El autor nos invita a correr con constancia la carrera que nos espera, nos invita a correr con los ojos fijos en el que inició y consumó la fe, en Jesús. Es en Jesús en el que debemos poner siempre nuestra fe y esperanza. ¿Por qué en Él? Porque Él sufrió la cruz, despreció la humillación y está sentado a la derecha del trono de Dios. ¡Nuestra fe es en Jesucristo, creemos en Jesucristo!

Lectio divina

Siguiendo los pasos de la *lectio*, dedica entre 8 y 10 minutos en silencio a meditar, orar y contemplar el siguiente pasaje:

Fijos los ojos en el que inició y consumó la fe, en Jesús (Heb 12:2).

Amigo y amiga, ¿qué acciones vas a emprender hoy para poner en práctica este mensaje?

Día 2: Dios, educa como un padre (12:5–13)

El autor ahora nos presenta otra comparación para mostrar las dificultades en el camino de la fe. El autor se inspira en el modelo paternal de la literatura sapiencial (Prov 13:1) para hablar de Dios como un padre que nos educa. Afirma, recurriendo a las Escrituras, "a quien ama el Señor, lo corrige; y azota a todos los hijos que reconoce" (Heb 12:6). Por tanto, hay que resistir a las dificultades porque así es como el Señor educa a sus hijos. Y hace la pregunta, "¿qué hijo hay a quien su padre no corrige?" (Heb 12:7). Utiliza un lenguaje muy fuerte para argumentar que Dios, como buen padre, quiere nuestro bien. Si Dios no nos castigara, nos estaría diciendo que no tiene interés por nosotros y aún peor, si Dios no nos castigara, seríamos como bastardos sin padre, por lo tanto no seriamos hijos de Dios. Si a nuestros padres corporales que nos castigan por nuestro bien, los respetamos; con mayor razón debemos respetar a Dios. Dios nos educa mediante castigos para que participemos de su santidad. Toda corrección nos duele, pero más tarde podemos ver los frutos de esa corrección: justicia y paz.

Las palabras del autor reflejan la realidad de las tribulaciones y pruebas por las cuales pasamos. Estas situaciones deben verse como momentos en los cuales Dios busca educarnos, momentos en que Dios nos prueba para hacernos fuertes. Es importante considerar que el autor está utilizando las maneras convencionales de su cultura para expresar cómo Dios nos educa. No es que Dios quiera nuestro dolor; debemos leer esta sección en el contexto histórico en el que fue escrito. El punto es que mediante el sufrimiento, como el de Cristo, podemos ver verdaderamente el plan de Dios. Y así es en la vida: muchas veces cometemos errores que nos duelen hasta en el alma, pero más adelante, reflexionando, nos damos cuenta de que esos momentos fueron necesarios para entender lo que Dios quería decirnos. Por algo en el pregón pascual afirmamos "*felix culpa*" (feliz culpa), sí, una culpa en cierta forma necesaria para nuestra salvación.

Lectio divina

Siguiendo los pasos de la *lectio*, dedica entre 8 y 10 minutos en silencio a meditar, orar y contemplar el siguiente pasaje:

Por tanto, fortalezcan los brazos débiles, robustezcan las rodillas vacilantes, enderecen las sendas para sus pies, de modo que el rengo no caiga, sino que se sane (Heb 12:12–13).

Amigo y amiga, ¿qué acciones vas a emprender hoy para poner en práctica este mensaje?

Día 3: La gracia de Dios (12:14–29)

El autor anima a los destinatarios a que busquen la paz con todos y la santificación, pues sin ellas nadie puede ver a Dios. Debemos estar siempre vigilantes para no ser privados de la gracia de Dios. La gracia de Dios nos permite no caer en el mal y no dejar que ese mal contagie a otros. El autor cita a modo de escarmiento lo que le ocurrió a Esaú, el cual vendió su primogenitura por un plato de lentejas y no la pudo recuperar jamás. El autor también nos presenta una bella visión de la Nueva Alianza utilizando lenguaje profético. Nos hemos acercado a Sion, monte y ciudad del Dios vivo. Sí, a esa Jerusalén celeste con millares de ángeles, a la gran congregación y asamblea de los primogénitos inscritos en el cielo. Nos hemos acercado a Dios, el supremo juez universal, a los espíritus de los justos consumados, a Jesús sumo sacerdote y mediador de la Nueva Alianza, cuya sangre clama más fuerte que la del justo Abel.

La sangre de Jesús pide justicia, perdón y se hace escuchar por Dios, juez supremo. El autor nos ha presentado una joya visionaria del mismo cielo, al cual todos los consagrados esperan entrar algún día. El autor nos anima a que tomemos muy en serio el hecho de ser cristianos. Hemos recibido un gran don y una gran responsabilidad como consagrados de Dios por medio del Hijo Jesús, sumo sacerdote y salvador nuestro. Debemos estar agradecidos por el Reino al cual Dios nos ha destinado. Nuestra respuesta al amor inefable que Dios nos ofrece es servirlo con respeto y reverencia. Dios Padre nuestro es un fuego devorador, una llama de amor viva que alumbra y que hiere lo más profundo de nuestro ser. Es también ese fuego devorador el que nos purifica y nos lleva a la perfección.

Lectio divina

Siguiendo los pasos de la *lectio*, dedica entre 8 y 10 minutos en silencio a meditar, orar y contemplar el siguiente pasaje:

> Busquen la paz con todos y la santificación, sin la cual nadie puede ver a Dios. Estén atentos para que nadie sea privado de la gracia de Dios (Heb 12:14–15).

Amigo y amiga, ¿qué acciones vas a emprender hoy para poner en práctica este mensaje?

Día 4: El sacerdocio de los cristianos (13:1–16)

En estas últimas exhortaciones, el autor nos da algunos detalles de lo que debe ser la vida de los cristianos: un auténtico culto a Dios. Como participantes del sacerdocio de Cristo, estamos llamados a ofrecer sacrificios y súplicas por nuestros pecados y por los de los demás. Estamos llamados a pedir por las necesidades de los demás. El autor nos pide que nuestro amor fraterno sea duradero. No debemos olvidar ser hospitalarios; debemos acordarnos siempre de los presos y de los maltratados, como si nosotros mismos estuviésemos presos o maltratados. Hace un llamado para que el matrimonio sea respetado por todos y que el lecho matrimonial permanezca sin corrupción alguna. Pide que los consagrados se acuerden de aquellos que los han dirigido y de quienes les han transmitido la Palabra de Dios. Hay que imitar su fe. Después hace una afirmación que ha nutrido la fe de innumerables generaciones, "Jesucristo es el mismo, ayer, hoy y por los siglos" (Heb 13,8). Jesucristo nunca cambia; Él siempre es.

Lectio divina

Siguiendo los pasos de la *lectio*, dedica entre 8 y 10 minutos en silencio a meditar, orar y contemplar el siguiente pasaje:

> Por eso Jesús, para consagrar con su sangre al pueblo, padeció fuera de las puertas. Salgamos también nosotros fuera del campamento, para ir hacia Él, cargando con sus afrentas; porque no tenemos aquí ciudad permanente, sino que buscamos la futura (Heb 13,12–14).

Amigo y amiga, ¿qué acciones vas a emprender hoy para poner en práctica este mensaje?

Día 5: Saludos finales (13:17–25)

El autor vuelve a decirle a sus destinatarios que obedezcan y escuchen a sus líderes, ya que ellos cuidan constantemente de ellos. Les pide e insiste que recen por ellos. Expresa su deseo de que el Dios de la paz, que rescató de la muerte a Jesús por una alianza eterna, los haga a ellos buenos en todo para que de esta manera puedan cumplir su voluntad. El autor concluye con un himno de alabanza: "a quien sea la gloria por los siglos de los siglos. Amén." (Heb 13:21). Finalmente les encarga que reciban sus palabras de aliento con paciencia. Espera pronto visitarlos y envía su saludo a todos los líderes y consagrados del Señor.

Lectio divina

Siguiendo los pasos de la *lectio*, dedica entre 8 y 10 minutos en silencio a meditar, orar y contemplar el siguiente pasaje:

Que él haga en nosotros lo que le agrada, por medio de Jesucristo. A él la gloria por los siglos de los siglos. Amén (Heb 13:21).

Amigo y amiga, ¿qué acciones vas a emprender hoy para poner en práctica este mensaje?

Preguntas de reflexión

1. ¿Qué piensas de la manera en que el autor presenta a Dios como un padre que nos educa? ¿Crees que haya mejores maneras, en nuestro tiempo, de hablar sobre Dios como un padre que nos educa?
2. ¿De qué maneras crees tú que en la Iglesia podemos animar más a las personas a vivir su sacerdocio tal como Dios quiere?
3. Jesús es el supremo testigo de la fe y debemos tener siempre nuestros ojos puestos en Él. ¿De qué maneras tienes los ojos puestos en Jesús? ¿De qué maneras ayudas a otros a tener los ojos puestos en Jesús?

Acerca de los autores

El **P. William A. Anderson, DMin PhD,** es sacerdote de la diócesis de Wheeling-Charleston, Virginia del Oeste, director de retiros y misiones parroquiales, profesor, catequista y director espiritual. También fue párroco. Ha escrito numerosas obras sobre pastoral, temas espirituales y religiosos.

El P. Anderson obtuvo el doctorado en Ministerio por la Universidad y Seminario de Santa María de Baltimore y el doctorado en Teología Sagrada por la Universidad Duquesne de Pittsburgh.

Juan Rendón ha sido docente de la Universidad de Dallas por siete años. Mexicano de nacimiento, vivió en Houston por muchos años, donde obtuvo su maestría en estudios pastorales y teológicos en la Universidad de Santo Tomás. Entre otras responsabilidades, Juan también ha colaborado como Instructor adjunto en la Diócesis de Dallas, como facilitador de cursos en el Instituto de iniciativas pastorales de la Universidad de Dayton, y como director de Educación aplicada en el seminario de la Santísima Trinidad. Cuenta además con más de ocho años de experiencia pastoral, durante los cuales fungió como coordinador de Liturgia Juvenil en la Catedral de la Inmaculada Concepción en Tyler, Texas, y Director de Formación en la Fe en la parroquia de Nuestra Señora del Perpetuo Socorro en Dallas.

www.ingramcontent.com/pod-product-compliance
Lightning Source LLC
LaVergne TN
LVHW051409080426
835508LV00022B/3008